命理生活新智慧・叢書 111

好運一定強

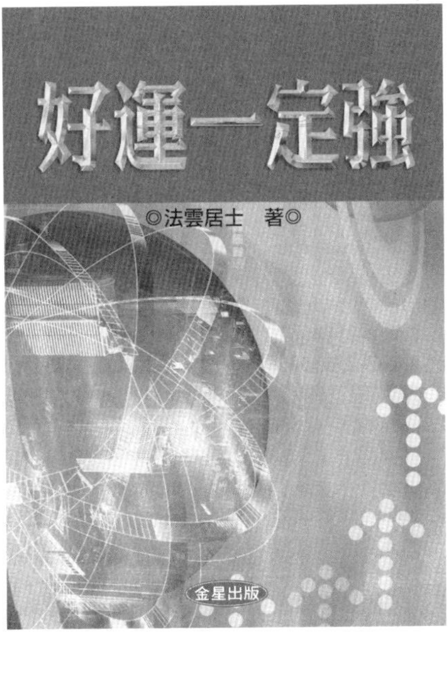

金星出版社 http://www.venusco555.com
E-mail: venusco555@163.com
法 雲 居 士 http://www.fayin777.com
E-mail: fatevenus@yahoo.com.tw

法雲居士⊙著

金星出版

國家圖書館出版品預行編目資料

好運一定強／法雲居士著，
--臺北市：金星出版：紅螞蟻總經銷，
2011年12月 初版；面；公分—
（命理生活新智慧叢書；111）

ISBN：978-986-6441-58-5 （平裝）

1.命書 2.改運法

293.1 100019785

好運一定強

作　者：法雲居士
發行人：袁鴻馨
社　長：袁光明
編　輯：杜靖婕
總經理：王璟琪
出版者：金星出版社
社　地址：台北市南京東路3段201號3樓
電　電話：886-2--25630620●886-2-2362-6655
傳　FAX：886-2365-2425
郵政劃撥：18912942金星出版社帳戶
總經銷：紅螞蟻圖書有限公司
地　址：台北市內湖區舊宗路二段121巷28・32號4樓
電　話：(02)27953656（代表號）
網　址：http://www.venusco555.com
E-mail　：venusco555@163.com
法雲居士網址：http://www.fayin777.com
E-mail　：fatevenus@yahoo.com.tw
版　次：2011年12月初版
登記證：行政院新聞局局版北市業字第653號
法律顧問：郭啟疆律師
定　價：450 元

行政院新聞局局版北字業字第653號

ISBN：978-986-6441-58-5 （平裝）

序

這本『好運一定強』，主要想表達的是：在人生活的經歷及周遭環境中有很多變數及未必是全然順境的條件下，我們要如何修正『運氣』運行的方向。使它永遠暢旺、蓬勃，使好運永遠留在我們身邊，一生快樂順利的生活，這就是我寫這本『好運一定強』的目的了。

在所有的『好運』中，大家最喜歡的首當是『財運』、『事業運』，或是『貴人運』啦！但是在人生的歷程中，還有『六親運』、『考試運』、『升官運』等等。

所謂『運氣』、『好運氣』，若從一般的角度來解釋，它只不過是一些『片段時間』運行操作，有弧形拋物線、圓滑、順利的、好的運氣曲線而已。這些『片段時間』中有稍長一點的，也有極短的，因此好『運氣』有大、有小。當然，壞運、衰運的原理也是同樣的『片段時間』。只是對我們人生有利的，我們就稱之為『好運氣』而已了。

近年來，因為宇宙磁場的改變，太陽系對地球產生了很多影響，再加上地球上本身的氣候及地理變化，天災人禍不斷。因此，生存於地球上的我們，更需要有『好運氣』來幫助我們繼續生存茁壯。

另外，大家更要注意的是：『好運氣』與『壞運氣』之間必有『比較』這點的依存關係，如果沒有『比較』的手續，自然也分不出好壞出來了。因此，『好運氣』即是『吉時運氣』。『壞運氣』即是『凶時運氣』。這是一點也不假的了。當大家完全擁有全部的『好運氣』時，大家會更進一步想要求有『強運中的強運』！這就要看其本人是否擁有此等『天生的強運機會』了。這可能是可遇而不可求的了！

每個人的『運氣』中，都包含著『好運』及『壞運』，以及中等層次的『不好不壞』的運氣。但是要長期持有『好運』的人，也必是

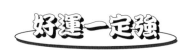

好運一定強

智慧豐富的達人。

這本『好運一定強』，就是挑出人類精粹的『好運氣』智慧，來與大家分享，並研究它如何形成的，以備人類有災時，或運氣低落時，能得知修正『運氣』的方法。並以此研究成果與讀者共勉之！

法雲居士　謹識

命理生活叢書111

好運一定強

目錄

好運一定強

投資煉金術

法雲居士⊙著

『投資煉金術』是現代人必看的投資策略的一本書。所有喜歡投資的人，無不是有一遠大致富的目標。想成為世界級的超級富豪。但到底要投資什麼產業才會真正成為能煉金發財的投資術呢？

實際上，做對行業、對準時機，找對門路，則無一不是『投資煉金術』的法寶竅門。
法雲居士用紫微命理的角度，告訴你在你的命格中做什麼會發？做什麼會使你真正煉到真金！使你不必摸索，不必操煩，便能成功完成『投資煉金術』。

前言

『好運一定強』這一本書是我繼『如何掌握旺運過一生』及『好運跟你跑』、『紫微改運術』、『用運氣減肥瘦身』以後，再次談到掌握命運和時間的新發現。『如何掌握旺運過一生』談的是人生旺運的高潮點與低潮點。『好運跟你跑』是對年輕人談到交友運、考試運、長輩運……等等的問題。

而這本『好運一定強』，我則是要談到如何利用『貴人運』、『金錢運』及『長輩運』、『交友運』……等等的諸多問題，並且告訴你以『運』增運的方法。

我經常告訴朋友們，命運是性格造成的，什麼樣的性格會有什麼樣的處事方法，也就造成了什麼樣的事情結局。問題一再重演，就由無數個小事件串連而成了整個人的命運。

子午卯酉宮坐命者重感情、好交際

通常命宮在『子』、『午』、『卯』、『酉』宮的人，會比較注重人際關係，也比較重視『感情』上的運氣。命宮在『辰』、『戌』、『丑』、『未』宮的人，比較注意『事件』上的運氣。而命宮在『寅』、『申』、『巳』、『亥』宮的人，比較注重『外出』時的運氣。這主要的原因，就是『子』、『午』、『卯』、『酉』宮為桃花四敗地的緣故。桃花重，不但注重人與人之間的感情運氣問題，更注意男女情愛的感情運氣問題。

辰戌丑未宮坐命者主富、愛賺錢

命宮在『辰』、『戌』、『丑』、『未』宮的人，因命宮坐在四墓地，情感內斂，通常命坐四墓地的人主富，尤其是命宮坐『辰』、『戌』宮的人，都較為有錢，也喜歡努力事業愛賺錢。因此他們評量運氣的好壞總以事務的順利與否而來判斷，所要求的是事務的解決性。

寅申巳亥宮坐命者，愛奔波玩樂

命宮在『寅』、『申』、『巳』、『亥』宮的人，因命宮在四馬之地，驛馬重，奔波勞碌，因此最關心的是『外出』時所遇到的吉凶與否的問題。

由前面這些特性，我們可以看出，以人命宮的不同、性格思路的

不同，而有不同對運氣上的需要。既然原始需求就不一樣，愛賺錢的人，除非你給他可幫助其賺錢的『貴人運』，否則像升官的『貴人運』他是不稀罕的。這就像命盤是『紫微在寅』、『紫微在申』格式中的人，他們一定會去尋找、靠近助其增富的貴人一樣，也不會白白浪費掉『貴人運』的。我們並且在許多擁有『武貪格』暴發運的人的身上發現，他們同時也擁有了極佳的『貴人運』。或許真正使他們暴發財富的人，正是一些『貴人運』的力量在推動他們的運程，一切的財富好像得到的很突然，但是仍是有脈絡可尋的。

好運中有『限制』，則會阻礙好運

我們也常可發現：**雖然擁有了好運，但往往由於本人自身性格上的問題，而對好運產生種種的限制**。例如雖知道擁有了『升官運』，但本身害羞怯懦，不會掌握機會好好表現，以至於浪費了升官運。又如明知有『考試運』，但卻因種種的思慮而沒有參加應考，以至於失去了好的考試運。

還有一些人，在擁有暴發運的時刻頻惹桃花、是非，以至於阻斷了暴發運的良好運程。因此我們常常可以看到因為性格上的怯懦、懷疑、多慮、衝動、反覆無常、努力不夠，都會缺少『臨門一腳』的功力而功敗垂成。故而就算是我們擁有了好運，還是需要具有無限冷靜思考的能力，穩定的心性與智慧，才能真正掌握住屬於我們的好運的。

運氣是一個『時間』上的問題，我在本書的序言中也談到，運氣有上下起伏、升降、流動、循環等的特性。既是時間上的問題，就會有稍縱即逝、快速顯現又快速消失的情況。在時間上沒有掌握到，下一輪再逢到時，已是三個月或一年以後的事了。況且每一個好運運氣的強度都是不一樣的。我們可以從大運、流年、流月、流日甚至於流時的數度相逢（大運、流年、流月、流日都有相同的好運星）為最強，其次是流年、流月、流日的相逢為次強。再其次就是流月、流日的相逢了。倘若我們能預先從命盤中算出好運時刻，並列舉出屬於『貴人運』的好運時間。屬於『金錢運』的好運時間，屬於『偏財運』的好運時間，屬於『考試運』、『交友運』，一切吉祥如意的好運時間，把他們列舉出一張表格出來，你便能很輕易的掌握好運的運程。在有『貴人運』的時間內，努力升官、開展事業的大計劃。在有『考試運』的時間內，努力準備考試。在有『金錢運』、『偏財運』的時間內，努力並注意金錢的方向獲得方式。在擁有『交友運』的時間內，開拓人際關係或招考新部屬。如此一來，你實際上已掌握了整個的人生，也實際的做到戰無不利，攻無不勝的境地了。

摸不著，但會隨時間流轉變化，可以感覺得到的『運氣』

最近常有朋友來找我談運氣。好幾個朋友不約而同的講：『運氣這個東西真是不可捉摸的喲！現在景氣這麼壞，大家都苦哈哈的，偏就有某某，是運氣當頭，還在大賺錢。說不服氣嘛！又沒有理由。不甘心，倒是真的。這運氣到底是個什麼東西呢？碰不著，又摸不著，真叫人心急呀！』

運氣就是一段時間中所經歷的過程。簡言之，運氣就是『時間』的問題。很多朋友不服氣說：『你們這些算命的，一天到晚在幫別人算運氣，算得準嗎？況且時間是屬於科學方面的東西。命理和科學能夠掛得上鉤嗎？』

我想，這些問題是許許多多對命理不瞭解或一知半解的人，心中最大的疑問了。

的確，**『時間』是科學方面的問題**，美國太空人在發射升空，到太空執行任務時，連萬分之一秒都要精確的算出來。但是你別忘了！當我們每個人出生的時候，我們每個人的生辰八字，也是一種時間的紀錄。只是紀錄的方法是用中國人的方法，名稱不一樣而已。我們從出生到死亡，每一分、每一秒都活在『時間』中，難道這就不是科學了嗎？

基本上『命理學』是一種『研究時間、探討人性的科學』。因為與人的生活有密切的關係，所以它也是一門『人文科學』。

綜合的來講，命理學就是研究什麼樣的人，性格如何？處理對待周遭環境中其他的人、事、物的方法如何？以及在什麼樣的時間，他會用什麼樣的方法去對應處理，並且可知道會產生什麼樣吉凶好壞結果的一種學問。

當然，人性很複雜，時間也很複雜，自然導至人在掌握時間，運作行為模式，所產生的結果也會很複雜了，但是萬事總還脫離不了一種規律性、規則性。時間、時序都有規律性。日出、日落，一天二十四小時是規律性。春、夏、秋、冬四季是規律性。人也有人的規律性，就像脾氣暴躁的人，性子急，容易莽撞，思考不周密嚴謹，易出錯、敗事，也進不了財。脾氣太溫和的人，又沒有衝勁、幹勁，遇事拿不定主意，也容易成不了大事。命理學就是聚集、歸納了千千萬萬個規律性，並且分析出來，在什麼樣的時間點，什麼樣的人會發生什麼樣的事。這些時間點和人、事、物擦身而過的經驗，就是大家所謂的『運氣』，也是我們所談的命理。更是一般人所謂的『算命』了。

算命，算什麼？就是『算時間』。算命又算什麼？就是算『人的

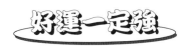

個性』，算『人對應事物的態度』。自然，最後人得到什麼樣的結果，是好事、壞事，是成功、是失敗，就全然清楚、明白了。這好像連連看的紙上遊戲一般，每一種時間、人的每一種情緒起伏，再加上每遇到的周圍關係情況，三個條件加起來，都會形成某事件的吉凶成敗，因此這些吉凶成敗有大有小，並不全一樣。

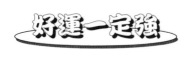

一般人想算命、愛算命，只想得到吉凶成敗的結果。並不用心去思考時間的問題，自己情緒的問題，與如何面對、應付的問題。完全想靠別人來幫他理出一個頭緒，所以喜歡去算命。很多人連自己都不瞭解。不瞭解自己在何時會有情緒上的起伏，也不瞭解自己的潛在能力，又更不瞭解自己面對事物時會有什麼反應？同時也不瞭解當環境中有變化時，要如何面對和處理。當然就更不瞭解每一個時間點在移動時，會發生什麼樣的事物了。所以人們要依賴『算命』來解惑。

他的父母有沒有別人的父母財高權大？他家的祖德有沒有別人的高超？他自己努力奮鬥的能力有沒有別人強？他只是來比結果，比現在他所享受到的財富多寡，卻沒有比較源頭上的基因好壞。因此同樣有一個紫府，結果都是不一樣的。再加上，每個人的命盤中都有紫微星、天府星……等等，也就是每個人的星盤中都有相同數量的相同星曜，但排列組合不一樣。就算排列組合是一樣的，但每個人的出生環境皆不同，父母也不相同，出生時間亦有差異，先天的遺傳基因也有差異，自然所形成的結果縱使類似，仍是絕然不同的兩個個體，是無法根本完全相同的。

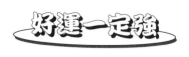

其實人不該固執的鑽這種牛角尖。人應該運用斗數對『時間』的敏感性和精確性，改善我們的性格、情緒中負面不好的特性，改變環境中不利於我們的歧點。勇於穩住、挑出自己生命中對自己有利的『時間』點，或是運用智慧，創作一個對自己有利的時間點，這樣對自己的生命、對自己的人生才會有意義。

運氣需要精心策劃，才會有好命

好運隨時掌握在細心、聰明能明察秋毫、隨時做自我反省的人的手中。好運也掌握在對時間、對自己的性格、情緒、能力有充分明瞭，再兼而運用、掌控的人的手中，因此要算得準命，要把握運氣，不是不可能的。『好運一定強』的關鍵問題，就完全在你自己了。

當運氣缺少時，才急著找運氣會要等一段時間

人們在想找運氣的時候，總是：缺錢的人，就急著看財運、找財運。想升官的人，就急著找官運，看官運。臨到考試了，急著看考運。

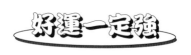

和家人、父母、兄弟、子女不和了，才急著看六親運。被別人倒帳、欠債了，才來看朋友運。

所以，所有的人，都是在某一個運氣缺乏的時候，才來找這方面的運氣。看起來十分可笑，但世上的人大多如此。而且缺財運的人，只是急衝衝的只專注財運方面的問題，不會顧及其他方面。臨到升官、考試時，也只專注於官運、考運的問題，也不顧及其他方面的運氣。我覺得這是不好的。

所有的運氣，不論財運、官運、考運、六親運、事業運，其實都是相連的，有一脈傳承的牽連性的。沒有那一個運氣會真正可以單獨成立的。只是我們在看運氣的人，單獨把它挑出來看罷了。

在人所有的運氣中，為首的應該是『貴人運』，有了貴人，有了有權力、地位的人的大力推介，助力，有了對你可施與專屬利益的人，你才能賺到錢，或坐上官職，或考試考得好，或得到家人、親朋的助力、情緣。因此我認為『貴人運』是所有運氣的母親。由它的孕育才產生出像財運、事業運、官運、考運、六親運等的一切美好的運氣。所以我把『貴人運』放在第一章。由『貴人運』再引介出其他各位想要的運氣。

所有的人想賺錢，想升官都必須要有機會，機會就是人緣關係。『貴人運』是第一個創造出人緣關係來的運氣。所以，『貴人運』是人生中第一個，也是最重要的課題，『貴人運』每個人都有，但有強弱、大小之分。也必須看其人會不會運用，創造、推展。當然，這些應用『貴人運』的功力大小，會對人在求財、求上進、求福壽康寧，事業有成時，會佔有成功時的重大比率。所以不是每個人應該輕易輕忽的，現在讓我們一同來看看如何讓『貴人運』飆起來。

紫微斗數格局總論

法雲居士⊙著

這本書是將紫微斗數中所有的命理特殊格局，不論是趨吉格局，如『君臣慶會』或『陽梁昌祿』或『明珠出海』或各種『暴發格』等亦或是凶煞格局，如『羊陀夾忌』、『半空折翅』、或『路上埋屍』或『武殺羊』等傷剋格局，都會在這本書中詳細解釋。

這本書中還有你平常不知道的很多命理格局。要學通紫微命理，首先要瞭解命理格局，學會了命理格局，人生的問題你就全數瞭解了！

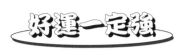

第一章 如何讓『財運』、『金錢運』一定強

在我們要談『如何讓工作運強起來』時，不得不先從工作運的金錢運所產生的型態開始講起。

每一個人賺錢的方式都不一樣，每一個人的『財運』的運氣也都不一樣。有時候別人正在賺錢發財的時候，你的『財運』都沒有發動、鼓舞，徒然令人焦急嘆息。而當你的『財運』好的時候，你也早已忘卻了以前為錢煩惱、為錢痛苦的情景了。

『**工作金錢運**』**分為兩種：一種是正財的財運。一種是偏財的財運**。舉凡付出勞力、辛苦所得，必須每日孜孜不倦、長期努力打拼在同一個事業上所得的財，我們稱之為正財。而『偏財運』是命中有特殊的格局，例如有『武貪格』、『火貪格』、『鈴貪格』的人，他們會在某些特定的年份、月份、日子、時間裡發生或遇到一些特殊好運，多得錢財的機會，我們稱之為『偏財運』。

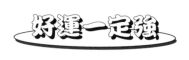

『**正財**』**是每一個人都具有的財運**。有正財的財運，我們才能有足夠的本錢蓄養自己的生命。

『**偏財**』**是某些人在出生時間上**，和本命命盤格局中具有的好運星，形成良好角度時，所產生的附加財運機會。

命格中只擁有『正財』的人，會性格穩重、堅持、生命力強、做事循規蹈矩、比較會儲蓄錢財，因為錢財是由漸進積蓄而成的，反而會積存、保留得較久。而命格中有『偏財運』的人，在性格上較為衝動、剛直、火爆。在人緣或處事的方法上不夠圓融。並且不太願意相信別人，對自己有強烈的自信心，做事是斬釘截鐵型的人。在錢財上雖有很好的機運，但財富是大起大落型的。因為知道自己有偏財運，因此看輕儲蓄的功能，以為千金散盡還復來。所以可以說有『偏財運』的人，在金錢的運用上是有瑕疵的。儲存財富也有些困難度的。

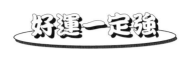

命格中有『偏財運』的人，只有真正瞭解自己的命運程式，並且努力鞏固正財的獲得，財庫不破，再加上幾年一次『偏財運』和暴發衝擊，才能成為大富豪。

第一節　『正財』之財運一定強

『正財』的財富如何獲得

在我們人生的運程裡，其實從人生的格局中，就可一目了然的知道，我們命裡的『正財』財富在那裡？是如何獲得的了。

例如從前章所談到的『陽梁昌祿』格和『機月同梁』格，不但是代表我們人生運程行走的方向。其實也確實代表你賺錢的方式。這種賺錢方式就是你『正財』之所依歸。

命格中有『陽梁昌祿』格的人，學歷會較高、會從事專業性、較高層次、技術性的工作。工作環境中的文化氣息也比較重。你賺錢的方式比較會站在有主導能力的工作崗位上面。你會經由讀書，擁有較高學歷或經過考試的方式進入你的工作。你們可成為管理階級的人員。你們也會自己開公司或發展自己的事業，成為老闆階級的人。

命格中同時具有『陽梁昌祿』格與『機月同梁』格兩種雙重格局的人，比較會經由考試進階成為政府的高級公務員，此種格局是真正具有官格之貴的格局，**例如李登輝先生與陳履安先生皆是具有這種雙重格局的人。**

命格中有『陽梁昌祿』格與『機月同梁』格與『武貪格』三種格局的共有者，一定會成為大企業的領導者，會自己做生意、開拓事業，也可以再由成功的商人轉而進入公職中的官職一途。**例如陳水扁先生原來是律師，後來投入政治，參加選舉，投入公職，成為總統。**

命格中有『陽梁昌祿』格與『武貪格』雙重格局的人，會自己發展自己的企業王國，成為公司負責人、老闆階級。**例如台積電公司的老闆張忠謀先生等人。**

命格中只有『機月同梁』格的人，多半是『紫微在丑』、『紫微在未』命盤格式的人，你們一生可能只是個薪水階級的人，或是小公務員或是勞工階級的朋友們，或是早出晚歸的小生意人。

命格中有『機月同梁』格與『武貪格』（包括火貪、鈴貪等暴發格）的人，你們有機會在事業上闖一闖，但格局仍不大，有可能做中等型態的生意，但常暴起暴落，最後一蹶不振。也有可能在某些時段在公職上有所發展，但人生運程起伏很大，往上衝很無力。但『命、財、官』中有『權、祿、科』的人，仍有大發展，**例如林瑞圖先生，可做到立委等職。**

命盤格局中既然已對人生運程裡所能得到的金錢運有所歸依。看人生的金錢運還要看『命、財、官』三方吉、煞的組合。『吉星』多的人，『金錢運』較佳。『煞星』多的人，『金錢運』亦不順。縱然是『陽梁昌祿』格、『機月同梁』格、『武貪格』暴發運全都擁有的人，在『命、財、官』三方有煞星駐守相照的人，人生成就會打折扣，就連金錢運也會不如前所預估的理想。因此我們一生所能到的財富早已清楚的呈現在我們個人的專屬命盤上了。

如何利用『行運方式』讓財運強起來

我們在此處所稱的『行運方式』就是在大運、流年、流月中所逢到之運程。通常在我們財運最狂飆，也就是最感覺富裕的時候，首推大運年限、流年年限、流月年限皆是行運有財星居旺的宮位的時候。例如在『天府』、『武曲』、『太陰』居旺的年份裡，是最容易讓財運上漲的時候。

『七殺』也是財星，是一個必須辛苦的努力、付出勞力去賺取的財。『七殺星』在旺位時，也能夠經由打拼使財運旺盛，賺到很多的錢財。『祿星』（『祿存』與『化祿』）當逢的運裡，也是主財運的最佳時機。

其次是在運星居旺時，也會有很好的財運機會。例如『太陽』居旺、『貪狼』居旺時，會有很多的好運發生，其中當然也包括了『金錢運』。

下面就是十二個命盤格式中能讓『金錢運』飆起來的行運圖表與解說。

1

『紫微在子』命盤格式中，『金錢運』能上升的年份有子年、辰年、午年、申年、戌年。其中寅年有『破軍』當位，雖有奮發打拚的精神，但有破耗，兩相抵消，『財運』不算好。

1.紫微在子

太陰(陷) 巳	貪狼(旺) 財 午	天同(陷) 巨門(陷) 未	武曲(得) 天相(廟) 財 申
廉貞(平) 天府(廟) 財 辰			太陽(平) 天梁(得) 酉
卯			七殺(廟) 財 戌
破軍(得) 寅	丑	紫微(平) 財 子	天機(平) 亥

2 『紫微在丑』命盤格式中，『金錢運』能上升的年份有：丑年、卯年、未年。此命盤格式坐命的人，賺錢的方式都比別人份外辛苦，所得的財也比別的命盤格式的人為少，主要是財星都不在旺地。就連『天府』庫星也只在『得地』之位，剛好合格之故。並且在丑年『紫破運』中，仍有表面風光，內裡實質破耗較多的情形。

2.紫微在丑

廉貞(陷) 貪狼(陷) 巳	巨門(旺) 午	天相(得) 財 未	天同(旺) 天梁(陷) 申
太陰(陷) 辰			武曲(平) 七殺(旺) 酉
天府(得) 財 卯			太陽(陷) 戌
寅	紫微(廟) 破軍(旺) 財 丑	天機(廟) 子	亥

3 『紫微在寅』命盤格式中，『金錢運』能上升的年份有：寅年、辰年、午年、申年、戌年。此命盤格式的人全都有『武貪格』暴發運，在後面一節談『偏財運』的章節中還會再談到它。

3.紫微在寅

巨門(旺) 巳	廉貞(平) 天相(廟) 財 午	天梁(旺) 未	七殺(廟) 財 申
貪狼(廟) 財 辰			天同(平) 酉
太陰(陷) 卯			武曲(廟) 財 戌
紫微(旺) 天府(廟) 財 寅	天機(陷) 丑	破軍(廟) 子	太陽(陷) 亥

4 『紫微在卯』命盤格式中，『金錢運』能上升的年份有：丑年、寅年、卯年、巳年、午年、未年。午年因得貴人之助升官、升等而得財，可稱做貴人財。卯年走『紫貪運』，只能說平順而已，財不算多，因流年財帛宮是『武破』，所得的財少的緣故，『廉殺運』是辛苦的賺錢，財也不算多。

4.紫微在卯

天相(得) 財 巳	天梁(廟) 財 午	廉貞(平) 七殺(廟) 財 未	申
巨門(陷) 辰			酉
紫微(旺) 貪狼(平) 財 卯			天同(平) 戌
天機(得) 太陰(旺) 財 寅	天府(廟) 財 丑	太陽(陷) 子	武曲(平) 破軍(平) 亥

5

『紫微在辰』命盤格式中，『金錢運』能上升的年份有：子年、丑年、寅年、辰年、午年、申年。此命盤格局中，若『破軍』有化權、『天同』有化祿或化權，則戌年及亥年亦是『金錢運』可有飆漲機會的年份。其中寅年的財因『貪狼』居平，機會不算太好，其實錢財並不很多。

5.紫微在辰

天梁(陷) 巳	七殺(旺) 財 午	未	廉貞(廟) 財 申
紫微(得) 天相(得) 財 辰			酉
天機(旺) 巨門(廟) 卯			破軍(旺) 戌
貪狼(平) 財 寅	太陽(陷) 太陰(廟) 財 丑	武曲(旺) 天府(廟) 財 子	天同(廟) 亥

6 『紫微在巳』命盤格式中，『金錢運』能上升的年份有：子年、丑年、卯年、巳年、未年、亥年。

此命盤格式中，未年是因對宮『武貪格』相照的關係，也會有『偏財運』發生，因此可形成財運飆漲之格。卯年是『天相陷落』的年份，因對宮『廉破』的影響，財福不全，故有錢財上的困頓。

6.紫微在巳

紫微(旺) 七殺(平) 財 巳	午	財 未	申
天機(平) 天梁(廟) 辰			廉貞(平) 破軍(陷) 酉
天相(陷) 卯			戌
太陽(旺) 巨門(廟) 寅	武曲(廟) 貪狼(廟) 財 丑	天同(旺) 太陰(廟) 財 子	天府(得) 財 亥

7

『紫微在午』命盤格式中，『金錢運』能上升的年份有：子年、寅年、辰年、午年、戌年、亥年。此格式中卯年『陽梁運』雖不主財，但會因為名聲或考試、進陞等級而得財，故亦是旺財之運。

7.紫微在午

天機(平) 巳	紫微(廟) 財 午	未	破軍(得) 申
七殺(廟) 財 辰			酉
太陽(廟) 天梁(廟) 財 卯			廉貞(平) 天府(廟) 財 戌
武曲(得) 天相(廟) 財 寅	天同(陷) 巨門(陷) 丑	貪狼(旺) 財 子	太陰(廟) 財 亥

8

『紫微在未』命盤格式中，『金錢運』能上升的年份有：丑年、辰年、未年、酉年、戌年。此命盤格式中，子、午、寅三宮位內，『巨門』、『天機』、『天梁』都在旺位，如有『化祿』、『化權』來同宮，亦可能為旺財的年份。

8.紫微在未

巳	天機(廟) 午	紫微(廟) 破軍(旺) 財 未	申
太陽(旺) 財 辰			天府(旺) 財 酉
武曲(平) 七殺(旺) 卯			太陰(旺) 財 戌
天同(平) 天梁(廟) 寅	天相(廟) 財 丑	巨門(旺) 子	廉貞(陷) 貪狼(陷) 亥

9

『紫微在申』命盤格式中，『金錢運』能上升的年份有：子年、丑年、寅年、辰年、巳年、申年、酉年、戌年。此命盤格式中如午宮的『破軍』有『化權』、亥宮的『巨門』有『化祿』、『化權』，亦可能成為旺財的年份。此命盤格式的人，都有『武貪格』偏財運，在辰年、戌年會暴發。但子年的『廉相運』，丑年的『天梁運』的財運只算平順而已，並不會太大。

9.紫微在申

太陽 (旺) 財 巳	破軍 (廟) 午	天機 (陷) 未	紫微 (旺) 天府 (得) 財 申
武曲 (廟) 財 辰			太陰 (旺) 財 酉
天同 (平) 卯			貪狼 (廟) 財 戌
七殺 (廟) 財 寅	天梁 (旺) 財 丑	廉貞 (平) 天相 (廟) 財 子	巨門 (旺) 亥

10

『紫微在酉』命盤格式中，『金錢運』能上升的年份有：丑年、午年、未年、酉年、亥年。丑年的『廉殺運』，是埋頭苦幹，異常辛苦的『金錢運』。所賺的雖不算多，但亦有財。『紫貪運』中，也只是平順，財運不會太多。

10.紫微在酉

武曲(平) 破軍(平) 巳	太陽(旺) 財 午	天府(廟) 財 未	天機(得) 太陰(平) 申
天同(平) 辰			紫微(旺) 貪狼(平) 財 酉
卯			巨門(陷) 戌
寅	廉貞(平) 七殺(廟) 財 丑	天梁(廟) 子	天相(得) 財 亥

11

『紫微在戌』命盤格式中，能使『金錢運』會上升的年份有：子年、寅年、午年、申年、戌年。午年的『武府運』中，若有『羊、陀』同宮，財運會削弱。此命盤格式中，『天同運』和『機巨運』，也可因穩定的工作和學術研究而財運穩定富足安詳。

11.紫微在戌

天同(廟) 巳	武曲(旺) 天府(旺) 財 午	太陽(得) 太陰(陷) 未	貪狼(平) 財 申
破軍(旺) 辰			天機(旺) 巨門(廟) 酉
卯			紫微(得) 天相(得) 財 戌
廉貞(廟) 財 寅	丑	七殺(旺) 財 子	天梁(陷) 亥

12 『紫微在亥』命盤格式中，能使『金錢運』可上升的年份有：丑年、巳年、未年、亥年。

此命盤格式中，因丑年得對宮『武貪格』相照，亦能發生偏財運，故亦為旺財年份。酉年『天相陷落』運，因對宮『廉破』的影響，財運比較差，財福不順。

12.紫微在亥

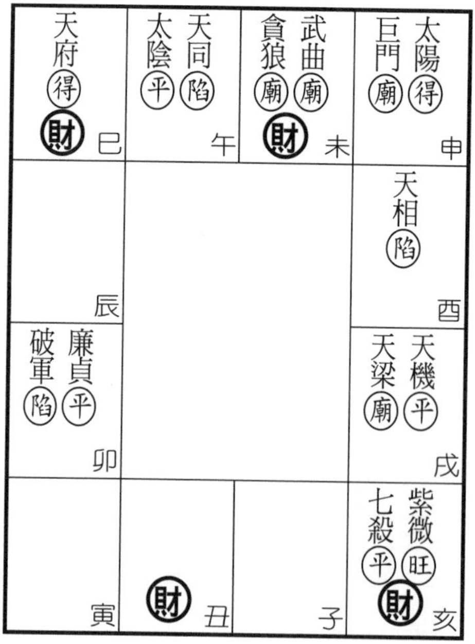

注意：在上述的命盤格式中，雖然我們已標明了財運大好可上升的宮位與年份，但是在這些宮位中若有『擎羊』、『陀羅』或『化忌』出現時，也會造成金錢運不順利的現象，這是必須注意的事。此外『火星』、『鈴星』除了與『貪狼』同宮或相照時會有偏財運外，它們與『財星』同宮時也會有金錢運不順的現象。此種『財星』與『煞星』同宮的現象我們稱之為『刑財』或『因財被劫』。

權祿科
殺破狼

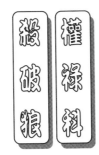

第二節 『偏財』之財運一定強

世界上有『偏財運』的人非常多，佔總人口的百分之三十五。也就是說每三個人中就有一個人會有『偏財運』。那你會不會就是那個好運的人呢？趕快來研究一下你的命盤格局吧！找出這好運的格局及算出爆發的年份，好好的應驗一下，豈不大快人心？

最主要的『偏財運』格局有三種

一、是『武貪格』。二、是『火貪格』。三、『鈴貪格』。

這三種『偏財運』格，也稱做『暴發格』。其暴發的威力都很強。但是暴發的型式上略有不同。

其中以『武貪格』不但能暴發錢財，亦能在事業上暴發。此格常在軍警武職人員的身上最易見到。此外生意人最喜暴發。因此有許多大老闆的命格中也多有『武貪格』的出現。因此我們可以說『武貪格』中亦有能主貴的成份。軍警職的人得之能有成為高階將領的機會。生意人得之再加上『陽梁昌祿』格，成為大企業的總裁、領導者不成問題。**例如蔣宋美齡女士就是『武貪坐命』而擁有折射的『陽梁昌祿』格及『武貪格』的人。**

至於『火貪格』、『鈴貪格』多半暴發在錢財方面，而沒有主貴的力道。我們常可看見平民百姓中彩券得大獎的人，多是靠擁有『火貪格』、『鈴貪格』來形成的『偏財運』。因此從命理的角度來認定的話，『火貪格』與『鈴貪格』的層次是比不上『武貪格』的。

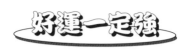

十二個命盤格式中可能出現的『偏財運』格

1

『紫微在子』命盤格中，在子宮或午宮有『火星』、『鈴星』時，會成為『火貪格』、『鈴貪格』，有極大的『偏財運』，在子年、午年可暴發錢財。所爆發的財富很大，在數百萬元至千萬元之間。

2

『紫微在丑』命盤格式中，在巳宮或亥宮有『火星』、『鈴星』出現時，可形成『火廉貪』格、『鈴廉貪』格，因『廉貪』俱陷落，『火、鈴』在巳宮居得地之位，在亥宮居平陷，因此暴發『偏財運』的力道不強，在巳宮或許還有幾十萬元的暴發能力，在亥宮時也許不暴發或只有數千元、數萬元之資的威力。

3

『紫微在寅』命盤格式中，在辰宮及戌宮有『武曲』和『貪狼星』

形成『武貪格』暴發運。倘若辰、戌宮再有『火星』、『鈴星』介入時，再形成『火貪格』、『鈴貪格』，會有雙倍的『偏財運』。但『火、鈴』也會對『武曲』財星形成『因財被劫』的形式，其人會因得到很強的暴發機會或很強的『偏財運』，外表看起來很榮耀光輝，自己卻享受不到『暴發運』的樂趣，其人的脾氣會很怪，或身體不佳。因此『武貪格』是不需要『火、鈴』等煞星再來幫忙的。

4

『紫微在卯』命盤格式中，在卯宮或酉宮有『火星』、『鈴星』進入時，會形成『紫火貪』格、『紫鈴貪』格，會有很大的『偏財運』機會。其中『火、鈴』在酉宮時居『得地』之位，在卯宮居平陷之位。因此『火、鈴』在酉宮與『紫貪』同宮或相照的人，『偏財運』暴發的財富稍多。

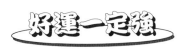

5

『紫微在辰』命盤格式中，在寅宮或申宮有『火星、鈴星』進入時，會形成『火貪格』、『鈴貪格』。在寅年及申年會有『偏財運』。其中因『火、鈴』二星在寅宮居廟，在申宮居陷。因此有『火、鈴』二星在寅宮者『偏財運』較強勢。

6

『紫微在巳』命盤格式中，在丑宮有『武貪』雙星。因此在丑年與未年都會有『暴發運』及『偏財運』。此因未宮為丑宮對照之宮位，故亦能得對照之功。當丑宮或未宮有『火星、鈴星』進入時，會有雙重的『偏財運』、『暴發運』。但因『火、鈴』與『武曲』財星相互作用，形成『因財被劫』的格式，其人會個性怪異、慳吝，雖然暴發，但本人並不太能享受財富或事業上之暴發運，或有身體上的問題及傷災、車禍等。

7

『紫微在午』命盤格式中，在子宮或午宮有『火星』或『鈴星』進入時，會形成『紫火貪』、『紫鈴貪』格。可以暴發『偏財運』，而其中因『火、鈴』在子宮為陷落。在午宮為居廟，因此『火、鈴』在午宮時所得到的錢財較多，在子宮時所得的錢財較少。

8

『紫微在未』命盤格式中，在巳宮或亥宮有『火、鈴』進入時，會形成『火廉貪』、『鈴廉貪』格。因『廉貪』在巳、亥宮俱陷落，而『火、鈴』二星在巳宮居『得地』之位，在亥宮居平，故其『偏財運』勢不旺。而以『火、鈴』在巳宮稍好而已。其暴發的財富也不多。

9

『紫微在申』命盤格式中，在辰宮及戌宮即有『武曲』、『貪狼』形成之『武貪格』暴發運，能在事業上及金錢上暴發很大的權勢地位與財富。是超強的『暴發運』與『偏財』運格式。若再有『火星』、『鈴星』進入辰、戌宮時，會形成雙重的『暴發運』。但『火、鈴』與『武曲』財星有剋，會『刑財』或『因財被劫』，會在暴發後，因某種原因，其人本身並不能好好享受到『偏財運』或『暴發運』的益處。

10

『紫微在酉』命盤格式中，在卯宮或酉宮有『火星』、『鈴星』進入時，會形成『紫火貪』、『紫鈴貪』格，可以擁有『偏財運』。但『貪狼』在卯、酉宮居平。『火、鈴』在卯宮居平，在酉宮居得地之位。因此此格式中以『酉』宮的『偏財運機會稍旺。

11

『紫微在戌』命盤格式中，在寅宮或申宮有『火星』、『鈴星』進入時，能擁有『偏財運』。因『火星』、『鈴星』在寅宮居廟，在申宮居陷。故在『火、鈴』在寅宮時『偏財運』較強勢，可擁有較多的發財數目。

12

『紫微在亥』命盤格式中，在未宮有武貪雙星即形成『武貪格』。

因此在未年及丑年（與未宮相照）有『暴發運』及『偏財運』的機會。若再有『火星』及『鈴星』在丑宮或未宮出現，會形成雙重的『暴發運』，但也因為『火、鈴』與『武曲』財星相剋，受『刑財』或『因財被劫』的影響，其人在暴發後享受財富上並不順利。

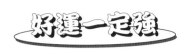

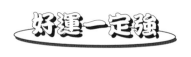

『偏財運』格局為破格時

在『武貪格』的宮位中有『擎羊』、『陀羅』出現時，為『破格』。會有『暴發運』不發或發得較小之情況。

在『偏財運』格中若有『化忌星』出現時，會因『暴發運』帶來災禍。尤其是『貪狼化忌』時，會有暴發後有血光、官非、失運、喪命之災。有『武曲化忌』，因暴發所獲得的大量錢財，遭人覬覦而引災，最後也會有金錢糾紛出現的狀況。有『廉貞化忌』時，會因暴發運帶來官非、血光之災。

不論是『武貪格』、『火貪格』、『鈴貪格』，凡所有的『暴發運』格都會有暴起暴落的現象。因此在預知『暴發運』、『偏財運』時，也要先把將暴落的年份、月份預先算出來，預作計劃，在暴發『偏財運』之後，將錢財移往他人名下，以避暴落之災，當可存留財富。

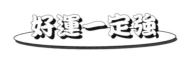

第二章 如何讓『工作運』一定強

在我們人生裡，常愛談運氣的旺弱、人生的富貴、錢財的多寡，其實歸根究底談的就是『工作運』。

工作在大多數人的人生中是一輩子的經歷，也是眾多人的人生目標。『工作事業運』在人生歷程裡有一定的軌跡。這個軌跡在每一個人的紫微命盤中是可以一目了然的。

前面所談過的『陽梁昌祿』格、『機月同梁』格、『武貪格』、『火貪格』、『鈴貪格』都是『事業運』的軌跡。但是在人生中還有一個重要的起伏動律，便是『殺、破、狼』格局的形成。這個在命盤中三角鼎立形成的格局中，更直接影響到前面所談的『陽梁昌祿』、『機月同梁』……等格局，成為波浪型震動的起伏。有時這些波浪型較小，於是此類具有『陽梁昌祿』格的人便是一生順利，擁有高官厚祿或主掌了大事業、大環境。有時波浪震動的較大，那你所擁有的『陽梁昌祿』等格便形成了不很順利的局面，在應該升官、有考運及奮發向上的年、月機會中，受到某些挫折或影響。這些挫折或順利增強的因素，完全是要看你行運於『殺、破、狼』格局中之哪一個運程而定。並且此運是否當旺也是最主要的原因。

我們知道『工作事業運』能成功最主要的原因是：個人本身的意志力和奮鬥力。意志力是堅持努力、承受挫折、強烈的持續耐力。奮鬥力是打拼、承受身體與精神上的困難，並能激起身體與精神成為亢奮的狀態，持續對你所注意的事業抱有強烈興趣的一種力量。

在每個人的人生中，最能主導意志力和奮鬥力的就是『殺、破、狼』格局中的『七殺運』、『破軍運』和『貪狼運』，這三個運程了。**也因此在人生中**，這三個運程也最能使人在這些運程的年份中發生對自己一生最重大的變化。當然！在這些運程居旺時，變化是正面的、好的、有向上發展的機運。在這些運程居平陷時，變化是負面的、差的、有停滯或墜落的跡象。

『殺、破、狼』格局中的每一顆星都具有凶悍、彪凜的特質，幾乎也可以說每一顆星都是殺星、煞星、凶星。端看你如何利用它。利用得當，事業成功一蹴而成。利用不當，只是憑增勞碌，空忙一場。也會因為殺星帶有某些破耗的特質，而產生凶災。

在人生命局裡，凶煞之星並不是全然是惡鬼無用的。也不是全然只會造成災禍降臨的惡事的。

命理學中最能一語道破這些『煞星有用』的名句就是：

無鬼不能成造化
無煞安能身有權

在『命、財、官』三宮位出現的『擎羊』、『陀羅』、『火星』、『鈴星』即是鬼。

而在『命、財、官』出現的『殺、破、狼』，即是『化煞為權』最有力的助力。

『鬼』為什麼會讓人有造化呢？

『造化』就是『成就』的意思。在命宮中有『擎羊』、『陀羅星』的人，有剛強、絕斷的意志力，為人愛計較得失。這種個性在有些方面是不好的，屬於陰險狡詐的性格。我們稱之為『鬼』。在有些方面是好的。例如利於做不講情面的工作，如外科醫生、法官、監獄執行工作。因為這種人屬於命強、命硬的命格。就算是做墓地、喪葬業、陰間的鬼神都要讓他三分。因此我們可以從很多從事陰事的工作人員的命盤中證實此事。命宮中有『火星』、『鈴星』的人，性情急躁，說到立即便去做，實行能力很強，但不持久。可是不管命中有『羊、陀』或『火、鈴』的人，都絕對是個實踐能力很強，有強硬態度要達成目標的藍波型人物。此類型的人物怎會不成功呢？

財帛宮和官祿宮有『擎羊』、『陀羅』的人，雖然會有不順，金錢運和事業運常有外來因素的爭鬥、阻撓和戕害，屢有波折。但在金錢和事業上同樣具有愛爭，好計較的特性，相對的競爭力就比較強。而財帛宮與官祿宮有『火星』、『鈴星』的人，多半具有暴發運和偏財運。

因此我們也可以得知，暴發運和偏財運多半是暴發在具有特別剛強個性的人身上，很少會暴發在具有『溫吞水』個性人的身上了。

此外，『天空』、『地劫』也算是『鬼』星，對於『命、財、官』在子、午、卯、酉桃花地上所產生邪淫桃花不良的影響會有抵制作用，使其人會回復到正面，好的成就方面來。在人生層次裡很可能產生主貴的影響。

就因為這些屬於『鬼』的星曜具有強勢的能量與作風，這也同樣是人生格局能佔上高峰的必然因素。所以『無鬼不能造化』就是要利用煞星的優良性能來改變人生成為高成就、高層次的最佳推動力。

『煞星』為什麼會讓人有權呢？

『七殺星』是最具『化煞為權』代表性的一顆星。『煞星』即

『殺星』。『七殺星』是孤剋刑殺之宿，專司權柄，有生殺大權，是『戰將』之星。亦主成敗之孤辰。

在『命、財、官』三方有『七殺星』之人，必定是早年歷盡艱辛，經過努力困苦，才會有財、有事業的人。

不論你的命宮主星是『七殺』、『破軍』亦或是『貪狼』，而實際上你的『命、財、官』三宮位都是坐在『殺、破、狼』格局上。這是一個動盪不安的格局。也主一生在變化、爭鬥、殺伐中度過，這是指事業上的奮鬥力量而言。

『破軍星』在數為殺氣，又為『耗星』。在古代有戰爭發生之年，多為『破軍星』當值之年。『破軍』有凶暴、果斷、好爭戰、捕獵的特性。也有狂傲多疑、助惡不助善、六親不認、枉顧仁義的惡質。就因為擁有這些特質，因此在戰鬥時，才容易成功，不會優柔寡斷、為情所困。也因此在爭鬥中奪權是極輕鬆的事。

『貪狼星』是禍福主，為解厄之神、化氣為桃花殺。這一顆星的凶煞雖不及前二者，但遇『火星』、『鈴星』、『武曲』後，也成為威猛、機謀，暴發能力強大的星曜。『貪狼』的殺氣在桃花方面。基本上貪狼的強勢作風是佔有慾、變化多端、愛計較、好 嫉好賭博、貪酒色。整個說起來，『貪狼』運程在『殺、破、狼』格局中是較為溫和、人緣較好，機運較佳的。

『七殺』、『破軍』、『貪狼』在特質上有許多共通點，例如喜變化、好爭鬥、佔有慾強、好爭權。就是因為對權利的慾望大，並竭力去經營爭取，故有『化煞為權』的能耐。

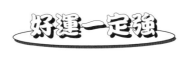

『殺、破、狼』格局如何對人產生影響

在人生的運程裡，每隔四年便要行經『殺、破、狼』格局中的一個運程，而且每逢這些運程時，人生便會產生重大的變化。

七殺運

每個人在運逢『七殺運』程時，都會從內心發出積極奮發的力量。並能堅苦卓絕、不叫苦、不退縮、信心飽滿的奮力去執行自己的任務，努力去達成自己的目標。在這個運程裡，你屬於埋頭苦幹的人，並不會太在意旁人的阻撓或冷言冷語。你很能夠披荊斬棘，不論多辛苦，你都會任勞任怨，從不後悔，也義無反顧的向前邁進。當然在『七殺運』裡，你的個性是強悍的，有如威猛的將軍一般，在競爭的戰爭裡是不講情面的。在攻城略地之時也是勇往直前，從不回頭望一眼的。

在『七殺』的運程裡（包括『紫殺』、『廉殺』、『武殺』），我們可以看到你外面的世界是一個大財庫（天府）。因此在這個運程裡，經由你威猛勇敢的努力，不論是你所得到的財富，或其他方面的利益都是非常之大的。我們可以看到許多人在走『七殺運』時，事業上產生重大的變化，更上一層樓，進入另一個高層次的局面。這也是『七殺運』裡經由奮鬥努力所產生的結果。

『七殺』只有在巳、亥宮居平陷之位，在其他的宮位都是在旺位。但是『七殺星』在巳、亥宮時有『紫微』這顆貴星將之帶往高處。因此縱然是奮發力量不足，也呈現一片吉祥的狀態。故而凡是走『七殺運』時，在事業運上是根本沒有不吉的。只會因打拼努力讓事業上升至高的境界，產生正面上升的格局。

『七殺』在卯、酉宮時與武曲同宮，『武曲』居平、『七殺』居旺。『武殺運』在財運上的獲得是極為辛苦異常的。但是利於武職升官，利於開拓市場，在工作運裡較為吉利。

『七殺運』唯一的一點缺點是，人在走『七殺運』時，會比較頑固、頭腦較遲鈍，只朝向一個目標邁進。機巧應變的能力較不足，聰明度不夠，所以『七殺運』的努力，只是在一種勇往直衝、固執愚鈍的狀況下拼命打拼而已。所得的結果是好的有限。並且當時也可能根本看不到成果，要等到以後，經過二、三個月才會看到成果。在流年運程上，也許會經過一、二年才看到好的結果。在時效性上比較長。

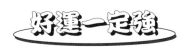

破軍運

當人在走『破軍運』時，內心都會有一種衝動想拼、想改變現狀、想衝出樊籠、想創業、想抓住權力、想打敗別人的慾望。這就是『破軍』有爭戰本質的影響力。

當人有這些慾望時，相繼而來的，你想要投資。有些是投資時間，有些是投資精力，有些是投資金錢。因為有投資就會產生破耗（此也為一種消耗）。

『破軍』和『七殺』的奮鬥所不同的是：『七殺』是體力的付出，是向外攫取的能力。而『破軍』則是以自身的利益與外界做『交換』的一種模式。我們從戰爭的模式中就會很容易了解這種狀況。譬如說打仗需要花很多錢去買槍砲彈藥，而戰爭的勝利實則是花費了許多的銀錢才換回的勝利。因此戰爭實則是消耗戰，而『破軍』的破耗也同樣是如此產生的。

在『破軍運』裡，我們可以奮發努力，但免不了的我們必須投資，但需要選擇好的投資。在『破軍』居旺位或合格時，是可以先投資再來努力的。可是『破軍』在巳、亥、卯、酉宮為『武破』、『廉破』居陷位時，你是不可來投資的。此時你的努力也必定會泡湯。因此我們可以瞭解到，人在走『破軍』運程時，並不全然是好的運程，也很可能會讓你墜落或事業失敗，流於破產命運裡。

另外在『破軍』和『文昌』或『文曲』同宮的運程，或『破軍』和『文昌』或『文曲』相照的運程時，即是一個窮運運程，也不適合強加打拼。是故我們一定要小心這個『破軍運』。要選擇『破軍』居旺時才能放開手去開創新機、開疆闢土。但是你在內心也要先有準備，可能回收的利益不是那麼大。也可能會『失之東隅，收入桑榆』。有失此收彼之現象。

貪狼運

通常人在走『貪狼運』時，差不多都算是好運。只有『廉貪運』很差。

在『貪狼運』裡，因是屬於桃花色彩重的運程，桃花運多，相對的人緣便很好。而且也喜歡與人去交際應酬，機會也就變多了。『事業運』在走『貪狼運』時，很多人都會碰到暴發運。做軍警武職的人，會加官進爵，有突然高陞的機會。做生意的人，也會有突然獲得賺錢、攫取財富的機會。

『**貪狼**』**屬木，為教化之始**，做教育工作的老師或教育官員也能進陞職位。讀書的學子可以利用這個運程在考試求學上一展身手。

『**紫貪**』**在卯、酉宮時，因卯、酉宮是桃花地，而**『**貪狼**』**又居平，因此事業運在走**『**紫貪運**』**時**。尤其注重人緣交際的運用。這是一個運氣雖不強，但頗有交際手段的運程，不過你也可以利用這種交際的手法達成升官或發財的目的。

『**武貪**』**在丑、未宮都是居廟地的**，暴發運一級棒，好運有一飛衝天的力道。但是有『羊、陀』同宮的人，或有『化忌星』相隨武貪，是為『破格』。都會傷害『武曲』財星與『貪狼』的好運，因此能暴發的力量會減弱或是不發了。

『**廉貪**』**在巳、亥宮俱陷落**，形成人緣不佳、機運也不佳，在智慧營謀方面亦產生很大的問題。因此我們會看到很多人在走這個『廉貪運』時，在事業運上，壞事連連，一籌莫展，對外的人際關係很差，簡直求救無門。這在人生運程中也是一個變化，只不過是很壞的變化罷了！

所以我們可以很清楚的了解到『貪狼運』在人生中的影響，不是大好，就是大壞。幸而好的時候多。只有命盤格式是『紫微在丑』、『紫微在未』的人較不幸，會擁有這個『廉貪運』。

如何利用『殺、破、狼』格局讓『事業運』強起來

『殺、破、狼』格局本身就是會發生劇烈變化的一個運程，而我們要利用這個運程使事業飆漲，就必須使用這個運程中星曜必須居旺的年運運程，或是有吉星同宮相輔的運程才會有用。

在『破軍運』裡，我們可以佈局，選定奮鬥的目標，製定戰鬥的

行程表，投資在必須具備的工具、利器上。我們也可以利用破軍運開疆拓土的特性，先去開拓市場，跑跑業務，把我們所從事的事業打好基礎，做好準備。

在『七殺運』的運程裡，這是一個埋頭苦幹的歲月，你必須要拼命賺取並積蓄你的財富。此時已是前途大好，已能漸漸得到收穫的時候了。

在『貪狼運』裡，現在已是東風已備、萬事皆俱，又有無限好運來到，實在已是天時、地利、人和的佳時佳境。是你確實已能收網、清點戰功的時刻。此時上天賦予的暴發運又來助陣，『事業運』直飆雲霄，不可一世。

很多人在運逢『殺、破、狼』格局時，因產生大變化而害怕，對於所降臨的好運不知是該喜或是該憂，只有隨著行運的起伏上下而變化，根本不知道利用『殺、破、狼』格局的優點來使人生更上升層次，實在是件很可惜的事。我們在感嘆自己的命格為什麼不如那些成功者的時候，實在應該檢討自己在運用人生有變動格局時，所能掌握機運的能力有多少？是不是真的把握到時機？是不是真的努力到頂點了？而這些問題全都是存在於『殺、破、狼』格局之中。

『殺、破、狼』居平陷之位時，要怎麼辦？

『七殺』居平時，會和『紫微』同宮，所以『紫殺運』還是很好的運程，尤其是在『紫微在巳』、『紫微在亥』兩個命盤格式中，它和『武貪運』是這兩個命盤格式中最好的運程了。

『破軍』居平時是『武破運』。『破軍』居陷是『廉破運』。

『武破運』是『紫微在卯』、『紫微在酉』兩個命盤格式中的運

程，它是和『廉殺運』、『紫貪運』三足鼎立的。『武破運』是個窮運，最好能穩住，不要變動。等到『紫貪運』時，再來變化、衝利。並且要儘量減少花費、破耗。保守一點就能渡過。

『廉破運』是和『紫殺運』、『武貪運』一起在『紫微在巳』、『紫微在亥』兩個命盤中出現，所以『廉破運』儘管很壞，會破產、破財，但再下一個『武貪運』你便可暴發錢財了。『廉破運』是智慧不足、經營企劃能力不好、自我澎脹太大、膽子又大，而導至失敗。通常都是由於自己能力不足，又太貪心而失敗的。所以只要有警戒心，便能平安順利。

『貪狼』居平時，是單星在寅、申宮，和『紫貪』這兩種型式。『貪狼』居平時，好運的力量便不足了。在寅、申宮，對宮有居廟的『廉貞』，表示爭鬥多，外界的情勢凶悍，自己的好運又很少，不過在這個命盤格式中，『七殺』和『破軍』都是居旺的，因此可利用『七殺』和『破軍運』來改變機運了。

『紫貪運』中的『貪狼』運星雖居平，但有『紫微』同宮，一切可因人緣的順暢，增加好運機會，因此是『紫微在卯』、『紫微在酉』命盤格式中最好的運程。

所謂的『貪狼』陷落運，就指的是『廉貪運』。它和『武殺』、『紫破』三足鼎立。它是『紫微在丑』、『紫微在未』兩個命盤格式中最差的運程。是人緣不佳、智力低落、傾向邪佞之事的窮運。它下一個『武殺運』，仍必須辛苦打拼，再行到『紫破運』才會有資本來打拼和投資。

第三章　如何讓『貴人運』一定強

大家一聽到『貴人運』都是羨慕不已的，但是卻並不能確定自己到底有沒有『貴人運』？

實際上，每一個人都擁有『貴人運』。只是有的人『貴人運』較強勢、較有力。性格上較穩定，也願意接受貴人的扶助，並且願意盡力去符合貴人的要求標準，以達到讓貴人幫助自己的意願。

某些人的『貴人運』較弱，主要原因也是因為其人本性對事務的積極性不夠、較懶，並且認為有沒有人幫助沒什麼大關係。有時這些人也會較衝動、性格不穩定，對自身的要求不高，反而去要求別人，因此讓可以成為其貴人的人怯步。另外更有一些人根本不喜歡別人管他、幫助他。反而覺得這種幫助是一種累贅，而排斥貴人運。

通常我們稱可以幫助自己的人為貴人。擁有這種可得到幫助運氣的人為擁有『貴人運』的人。但是幫助有很多種，例如升官上的幫助、事業上的幫助、金錢上的幫助……等等。『貴人運』因此也有很多種的不同。

『貴人運』應用的範圍很廣，舉凡升官、發財、事業、讀書，甚至於六親內的幫助，也都可談得上是『貴人運』了。為什麼這麼說呢？有良好的父母宮的人，與父母的感情融洽，父母對其照顧周到，此人的文化水準、學歷都會較高，一生受父母的恩澤大，並有祖蔭庇護，父母就是他的貴人。

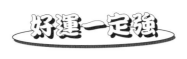

以前我曾談到過，有一位鐵工廠的老闆生育一名智障兒，此子具有『暴發運』，很快的給家中父母帶來很大的財富，這個小孩就成了父母的『貴人』。由此可見『貴人運』是只要能幫助人得到利益的情形都算做是。並不會有長幼輩份的分別，或是有親疏內外的分別。也不會有事務種類的分別。

如何來尋找『貴人運』

要知道自己的『貴人運』有多少，我們必須先從自己的命盤來下手。有關於『貴人運』的星曜，其實不只是『天梁星』這一顆而已。實際上有許多星曜或多或少都會給我們帶來『貴人運』。

有陰陽之別的貴人運

例如『太陽、太陰』這兩星居旺時；『太陽』代表男性長輩、父親、男性朋友、同事。『太陰』代表女性長輩、母親、女性朋友及同事。也就是說，在自己命盤裡有『太陽』、『太陰』居旺時的情形下，你的男性及女性的『貴人運』都會很旺盛。這其中還包括了你的父親、母親，以及兄弟姐妹等的人。若『太陽』、『太陰』居陷時，就稱做是『日月反背』的格局了。這時你的『貴人運』將失去大半的助力。

『事情』上的貴人運

其次在『事情』上的『貴人運』尚有『天機』、『貪狼』、『文昌』、『紫微』等星曜，可以幫助你做事時有『好』的轉機。『天機居旺』時，事情會愈『變』愈好。『貪狼居旺』時，會有突發的好運。『文昌』是臨時貴人，是突然出現在某一時刻的貴人。當然也是要在旺地才會展現的貴人。『紫微星』是平順祥和的『貴人星』，在走『紫微運』的運程裡，會有一隻幸運的青鳥，引領你走在順利祥和又處處受人敬重的道路上，讓你一帆風順，直達目的地。

『權、祿、科』所屬的貴人運

此外『化權星』、『化祿星』、『化科星』，雖然是助你自身產生某種能量的星曜，但也算是『貴人星』。**例如在走『化權運』時**，你就具有了『權利、地位』的力量。大家都願意聽你的，願意服膺你的領導。在擁有這顆化權星的『貴人運』的年、月、日、時，你是何等的尊貴，意氣風發、說話有份量、處事果斷、得人尊重。**在走『化祿運』時**，你就具有了『匯集財富與人緣』的力量。大家與你交好，視你為吉祥、平和、好運的人。**走在『化科運』時**，你就具備了『文化水準的外表與內涵，以及精明的辦事能力』的力量。因此這三顆星，讓你無論走到那裡，皆是處處有貴人，處處有好運的狀況。

天福降臨的貴人運

現在我們再來談談『天同』、『天相』這兩顆星，所能帶來的『貴人運』的狀況。

『天同星』是一種自然承受的福德。因為本身不愛爭，給別人沒有壓力，而使人產生好感，願意把好運送給他。

『天相星』則是因為本身的好心有好報、勤勞的付出，讓周遭的人都覺得他是好人，願意分一些好運給他，大家也都讚同，這是他所應得的好運。這兩種『貴人運』是平和漸漸形成的。『貴人運』的力道柔和不強，並且要靠長時間的形成。你所能感受到的『貴人運』也很弱。

如何利用『貴人運』

天梁星

這是『貴人運』中最重要的一顆星。天梁星是『蔭星』。

特質：

可以得到祖上或長輩、父母、上司的照顧，也喜歡照顧別人。當『天梁』居旺時，這些狀況就顯現得淋漓盡致。當『天梁』陷落時，這些狀況就消失不明顯了。主要是因為天梁在『巳』、『申』、『亥』宮

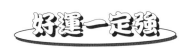

居陷落之位時，其對宮或同宮的『天同』對其影響，形成積極性不夠的情形。好逸惡勞、得過且過，凡事不用心也不操心的緣故。當然付出的不多，接受到的福份也就不多了。

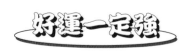

我們常可發現許多家庭中的長子、長女都具有『天梁』居旺的這顆『貴人星』，得到寵愛和較好的照顧。若是亦有『天梁』陷落情形的人，則多半是由奶媽、祖母或別人帶大，與長輩的關係也不甚良好。小時候的成長過程是艱辛的，身體也較不好。因此可以說，『天梁』這顆『貴人星』是從我們出生時便開始跟隨我們過一生的了。由此也可證明，在人的幼年時代，父母與長輩就是我們的貴人了。

所產生的效益：

『天梁星』在我們一生中的運程裡，影響我們的人生至鉅，主要是因為『天梁』會在我們的命格中形成一些格局。而這些格局正左右了我們一生所走的路、事業、賺錢方式、生活環境和一切喜、怒、哀、樂的事情。到底『天梁星』為什麼這麼重要呢？

『天梁星』是形成『陽梁昌祿』格和『機月同梁』格這兩個主宰我們人生格局中挑大樑的一顆主星。若失去了這顆主星便不成格局。『天梁』位置不佳，也不成格局。此星若是陷落，這兩個格局的人生層次與等級也會降落不少。

『陽梁昌祿』格

『陽梁昌祿』格是主貴的格局。同樣也表示你能得到極好的照顧的一個格局。此格局主管考試、進陞等級、文化素養、加官進爵、走官途、學歷資格的一個格局。我們當然知道，在考試與升官的過程裡，沒有知識與貴人的提拔是不行的。我們也知道，除了貴人的提拔，尚須擁有學識、人緣和好運。於是『陽梁昌祿』格便全都給了你了。『文昌』、『祿星』、『太陽』便和貴人星『天梁』，形成了極佳的『貴人運』。

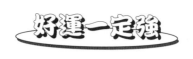

通常擁有『陽梁昌祿』格的人，知識水準與學歷都比較高，長大工作時也比較順利。尤其是當『太陽』、『天梁』、『文昌』、『祿星』（『祿存』和『化祿星』）都居旺時，是一帆風順，青雲直上的人生運程與命格。

『機月同梁』格

『機月同梁』格是做公務員或薪水階級，可走官途的格局。但其格局的形成與『陽梁昌祿』格略有不同。其人生層次也有不同。

『機月同梁』格是由『天機』、『太陰』、『天同』、『天梁』這四顆星在命盤中的四方三合地帶相互照耀而形成。這個格局中有『天機』的

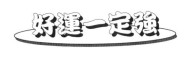

聰明、『太陰』的陰柔和財力所組合而成。並且此處的『天梁星』更含有另外一種特性，也就是閒雲野鶴似的開闊胸懷。

因此『機月同梁』格，基本上是按步就班，可以運用稍許的機巧就能應付人生的一種本能格局。若命格裡只有『機月同梁』格的人，便是只有做一個普通上班族、薪水階級或做普通的公教人員的命格了。

具有混合格局的人，貴人更多

所謂『混合格局』也就是同時具有兩種格局以上的命格。也就是在『陽梁昌祿』格、『機月同梁』格、『武貪』格、『火、鈴貪』格等同時具備超過兩種以上格局的命格。

這種狀況有下列五種情形：

好運一定強

1 同時具有『陽梁昌祿』格和『機月同梁』格的人。

其人在人生運程裡會按步就班的讀書、人生運程大致很順遂。成年後參加政府拔擢用人的升等考試，而能進階成為政府的高級官員，或成為高級知識份子在大學中教書，或在社會上成為菁英份子。

我們可以在前總統李登輝的命盤格局中，看到他的本命『天梁化祿』在『午』宮居廟時，『貴人運』的強大助力。同時我們也可清楚的瞭解到為什麼他能從政府的官員，一步步邁向總統之位，這麼得天獨厚的運氣了。

2 同時具有『陽梁昌祿』格和『武貪』格暴發運格的人。

擁有這種命格的人，多半是『紫微在寅』、『紫微在申』命盤格式的人。某些人甚至還可同時再擁有『機月同梁』格，成為一起擁有三種格局在命格中的人。這種人擁有這麼多的好運，在朝為官，升官會很快。但因其過度的能幹，不會甘於政府機關緩慢的升遷模式。多半會自創事業。我們可以在一些大企業的負責人身上看到這種命格的展現。**例如長榮公司的老闆張榮發先生就是極明顯的一例。**

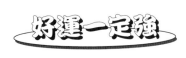

3 同時具有『機月同梁』格和『武貪格』的人。

其人的命盤在人生格局上不如前面兩者順利祥和、格局大。是一種保守的、公教人員的、薪水階級的運程裡，又有起落分明的界限。在人生的衝刺努力上常有力不從心之感。例如『紫微在巳』、『紫微在亥』命盤格式的人，皆有此命格。

4 同時具有『陽梁昌祿』格和『火、鈴貪』格的人。

這兩種格局在人生歷程上同樣都具有大起大落、起落分明，某些年大發、大紅大紫，某些年黯淡無光的日子。因此這就須要好好把握『貴人運』了，才不會在大落的日子裡一敗塗地。

5 同時具有『機月同梁』格和『火、鈴貪』格的人。

這種命格的人和第三項『機月同梁』格和『武貪』格的情況略同，不過呢，它比較存在於『紫微在丑』和『紫微在未』的命盤格式中，而形成『火廉貪』、『鈴廉貪』的格局。因廉貪陷落的關係，其暴發力量不如『武貪』格的強。其人也會對暴發運太過關心而不重實際。它也較會存在於『紫微在子』、『紫微在午』、『紫微在卯』、『紫微在酉』等命盤格式中。『紫微在子』和『紫微在午』命盤格式中，因

『貪狼』居旺，故暴發強。其人會在午年或子年暴發，使人生運勢一飛衝天而增高。『紫微在卯』和『紫微在酉』兩個命盤格式的人，因『貪狼』居平，暴發力稍弱，但仍可在錢財上得到一切小財富，仍無法成為富人。

如何找出自己的人生『貴格』與『貴人運』格局

要知道自己的人生格局，很簡單。只要先找出自己的紫微命盤中，『紫微星』所在的宮位，便知道自己是屬於那一個命理格局的人了。例如『紫微在子』、『紫微在丑』、『紫微在寅』……等等的命理格局。

你的命格裡有那些『貴人運』格局：

1 『紫微在子』命盤格局的人

『陽梁昌祿』格 — — — —
『機月同梁』格 ————
『武貪』格 ··········
『火貪』、『鈴貪』格 ··········

1.紫微在子

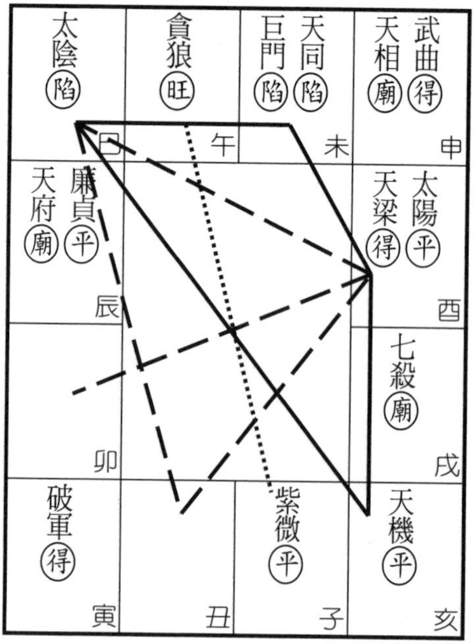

你們普通都具有『機月同梁』格(由酉、未、巳、亥四宮形成)。而有下列年份及生時的人，具有完整的『陽梁昌祿』格，主貴。乙年、丙年、丁年、戊年、己年、庚年、辛年、壬年生的人，又生在丑時、未時、巳時、酉時，你們具有完整的『陽梁昌祿』格(由巳、酉、丑三合宮位及子、午、卯、酉四方宮位組成)。

而下列年份及生時的人有『暴發運』格：

◎生年是寅、午、戌年生的人，生在巳時、亥時有『火貪格』。生在卯時、酉時有『鈴貪格』，具有暴發運。(因火、鈴在子、午出現的關係)

◎生年是申、子、辰年生的人，生在辰時、戌時有『火貪格』。生在寅時、申時有『鈴貪格』。(因火、鈴在子、午出現的關係)

◎生年是巳、酉、丑、亥、卯、未年生的人，生在卯時、酉時有『火貪格』。生在寅時、申時有『鈴貪格』。(因火、鈴在子、午出現的關係)

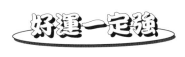

2 『紫微在丑』命盤格局的人

『陽梁昌祿』格 ————

『機月同梁』格 ————

『武貪』格 ……………

『火貪』、『鈴貪』格 ……………

2.紫微在丑

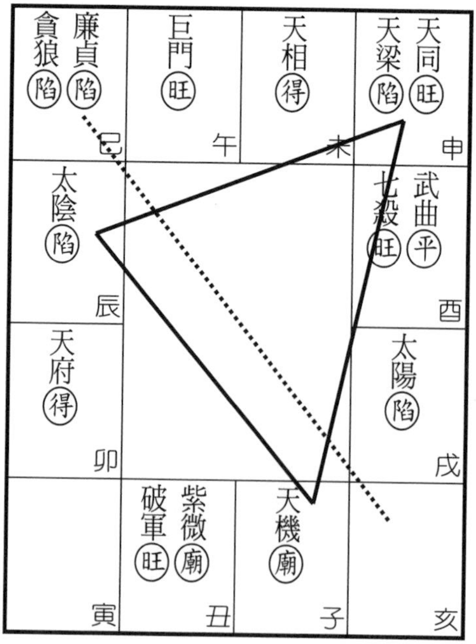

你們只具有『機月同梁』格(由子、辰、申宮形成)。為一上班族、薪水階級、軍警、公教人員的命格。縱使形成『火貪』、『鈴貪』格，因

『貪狼』陷落的關係，所爆發的財富也很小。你們的『天梁星』在『申』宮居陷的關係，『貴人運』不強，必須一切靠自己。並且兼有『日月反背』的格局，『太陽』、『太陰』都居陷。『貴人運』可算是很差的。

但仍可形折射的陽梁昌祿格，例如在『申、子、辰』等一組的宮位加上辰、戌相對照的戌宮中，有『文昌』、『化祿』、『祿存』等星可形成。

另一種是『寅、午、戌』宮和申宮有『文昌』、『祿存』、『化祿』，亦可形成折射的『陽梁昌祿』格會增高人生的價值。

『紫微在寅』命盤格局的人

你們是擁有正統『武貪格』暴發運的人。

『陽梁昌祿』格 — — — — —
『機月同梁』格 ————————
『武貪』格 ‥‥‥‥‥‥‥‥
『火貪』、『鈴貪』格 ‥‥‥‥‥

有下列年份及生時的人，會具有完整的『陽梁昌祿』格（由亥、未、

3.紫微在寅

巳 巨門(旺)	午 廉貞(平) 天相(廟)	未 天梁(旺)	申 七殺(廟)
辰 貪狼(廟)			酉 天同(平)
卯 太陰(陷)			戌 武曲(廟)
寅 天府(廟) 紫微(旺)	丑 天機(陷)	子 破軍(廟)	亥 太陽(陷)

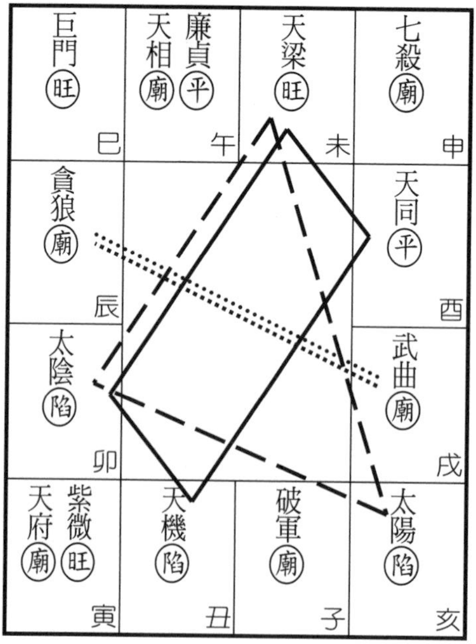

卯宮組成）。乙年、丁年、戊年、庚年、辛年、壬年生的人，又生在卯時、巳時、未時、亥時，你們的『陽梁昌祿』格最完整。可以擁有高學歷、走學術與政府機關走官途的路線。但因為你的『陽梁昌祿』格中有『日月反背』的現象。『太陽星』是居陷落位置的，故在某些年份裡『貴人運』並不那麼好了。多努力考試成績還是不錯的。

『紫微在寅』格局中，還含有『機月同梁』格。某些人會在短暫的時間裡從公職，或做一段時間的薪水階級。但這些時間很短，你們多半會自己開創事業做老闆。因為具有『武貪格』的人，多半是時勢造英雄的局勢，運程走到暴發運時，便水到渠成的做上老闆，開創了新事業了。

如果在辰、戌宮有『火、鈴』進入，可成為『雙重暴發運』格。

但以『火星』和『貪狼』同宮為好，火星對『武曲』仍有『刑財』的問題，同宮時較不利，戊年就不一定會有極大財富可發了，或是發了大財，卻有嚴重車禍血光的問題。

4 『紫微在卯』命盤格局的人

『陽梁昌祿』格
『機月同梁』格
『武貪』格
『火貪』、『鈴貪』格

4.紫微在卯

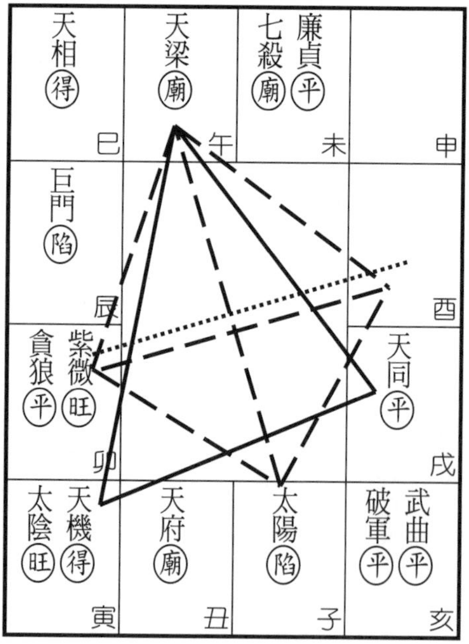

你們命格中的標準格局是『機月同梁』格(由寅、午、戌宮組成)。但因『太陽』、『天梁』在子、午宮相對照的關係，也很容易形成『陽梁昌祿』格。乙年、丁年、戊年、己年、庚年、辛年、壬年、癸年生的人，又生在丑時、辰時、未時、戌時，會擁有完整的『陽梁昌祿』格。

而下列年份及生時的人有『暴發運』格(卯、酉二宮有『火貪、鈴貪』)：

◎生年是寅、午、戌年生的人，生在寅時、申時生的人，有『火貪格』。生在子時、午時生的人有『鈴貪格』暴發運。

◎生年是申、子、辰年生的人，生在丑時、未時有『火貪格』。生在巳時、亥時有『鈴貪格』。

◎生年是巳、酉、丑、亥、卯、未年生的人，生在子時、午時有『火貪格』。生在巳時、亥時的人有『鈴貪格』。

※普通具有『陽梁昌祿』格和『機月同梁』格兩種格局的人，會從公職、教職，在政府機關或學校工作。具有加上『暴發格』在內的三種格局的人，多半會從商，自己開創大事業。

5 『紫微在辰』命盤格局的人

『陽梁昌祿』格 — — — —
『機月同梁』格 ————
『武貪』格 ………
『火貪』、『鈴貪』格 ………

5.紫微在辰

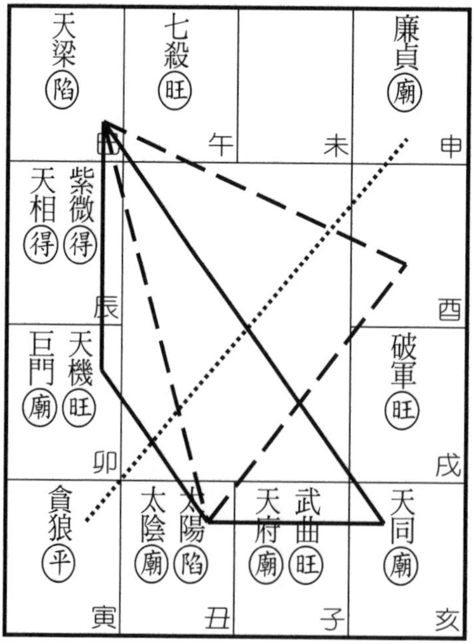

好運一定強

你們的命格中含有『機月同梁』格(由卯、丑、巳、亥宮形成)。丙年、丁年、戊年、庚年、辛年、壬年生的人，又生在丑時、巳時、酉時、亥時的話，你們並具有完整的『陽梁昌祿』格。

但是因為你們的命局中，『天梁』與『太陽』都是陷落的。因此在走官途時『貴人運』缺乏，在男性的社會中競爭力較差，因此並不順遂。一生中也有某幾個年份是不利的。但有『陽梁昌祿』格的人，仍能力爭上游，雖然辛苦，仍可打下一片天地。

而下列年份及生時的人有『暴發運』格：(由寅、申二宮有火、鈴)

◎生年是寅、午、戌年，生於丑時、未時的人有『火貪』格。生於巳時、亥時的人有『鈴貪』格。

◎生年是申、子、辰年，生於子時、午時的人有『火貪格』。生於辰時、戌時的人有『鈴貪』格。

格』。

◎生年是巳、酉、丑、卯、亥、未年，生於巳時、亥時有『火貪格』。生於辰時、戌時有『鈴貪格』。

6 『紫微在巳』命盤格局的人

『陽梁昌祿』格 — — — —
『機月同梁』格 ————
『武貪』格 ··········
『火貪』、『鈴貪』格 ··········

6.紫微在巳

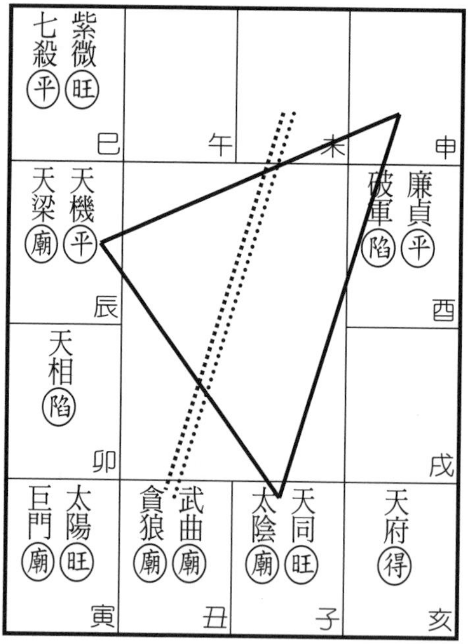

你們的命格中是標準的『機月同梁』格(由子、辰二宮形成)和『武貪格』(丑、未二宮)的雙重命格。你一定會做公教人員、軍警人員或薪水階級的人，而且不時的用暴發運來升官或發財。一生運程大起大落，財富也是暴起暴落型的。你們一生受『武貪格』的影響很大，願意為事業和賺錢拼命。因為『太陽』和『天梁』的角度問題，你們沒有完整的『陽梁昌祿』格，但可有折射的『陽梁昌祿』格。**例如蔣宋美齡女士的命格，因此能走官途的人，多半以軍警職為踏入官途之路。**

所謂折射的『陽梁昌祿』格，就是原來在辰宮、寅宮、申宮、戌宮有『祿存』或『化祿』，再在申宮或戌宮有『文昌星』出現。也就是『陽梁昌祿』格由『申、子、辰』宮和『寅』宮形成的一種方式，或是由『寅、午、戌』宮和『辰』宮形成的一種方式。這其中由於寅、申相對照或是辰、戌宮相對照的關係，而形成折射的『陽梁昌祿』格。

另外在丑宮、未宮若有『火星』、『鈴星』進入，就可形成雙重的暴發運格。若『火星』、『鈴星』和『武貪』同在丑宮，丑年就可暴發超出想像、有驚人的暴發力，無論在錢財和事業上的突然崛起，都是讓人訝異咋舌的。若『火星』、『鈴星』在未宮和丑宮的『武貪』相照，則丑年、未年都有暴發運，程度也很大，是高於一般只有『武貪格』的暴發運氣的。

7 『紫微在午』命盤格局的人

你們命盤格局裡主要是以『機月同梁』格為主(由丑、卯、巳、亥形成)**，『陽梁昌祿』格為輔。乙年、丁年、戊年、己年、庚年、辛年、壬年、癸年生的人，又生在丑時、卯時、辰時、未時、戌時、亥時的人，具有完整的『陽梁昌祿』格**(由卯、亥、未宮三合或子、午、卯、酉四方宮形成)。學識與地位都會很高。參加政府機關的考試，可得拔擢成為政府官員。

『陽梁昌祿』格 ————
『機月同梁』格 ———
『武貪』格 ………
『火貪』、『鈴貪』格 ………

7.紫微在午

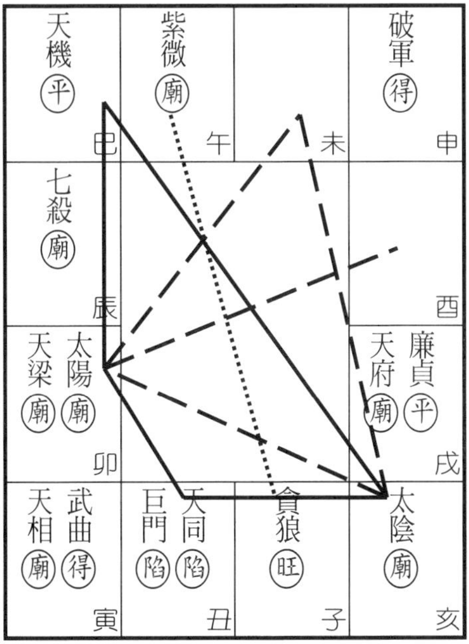

下列生年、生時出生的人，會有『火貪格』、『鈴貪格』暴發運：(子、午二宮有火、鈴會形成)

◎在寅、午、戌年出生的人，又生在巳時、亥時，會有『火貪格』。生在卯時、酉時會有『鈴貪格』暴發運。

◎在申、子、辰年出生的人，又生在辰時、戌時，會有『火貪格』。生在寅、申時會有『鈴貪格』。

◎在巳、酉、丑、亥、卯、未年生的人，又生在卯時、酉時的人，會有『火貪格』。生在寅時、申時的人，會有『鈴貪格』。

※若是三種格局都有的人，一定會成為大企業的負責人，不會想走官途了。因為你們的好運星很多，隨時都有好的機會，貴人也處處相逢的緣故，喜歡自己做大事業。

8 『紫微在未』命盤格局的人

『陽梁昌祿』格 ——————
『機月同梁』格 ——
『武貪』格 ··········
『火貪』、『鈴貪』格 ··········

8.紫微在未

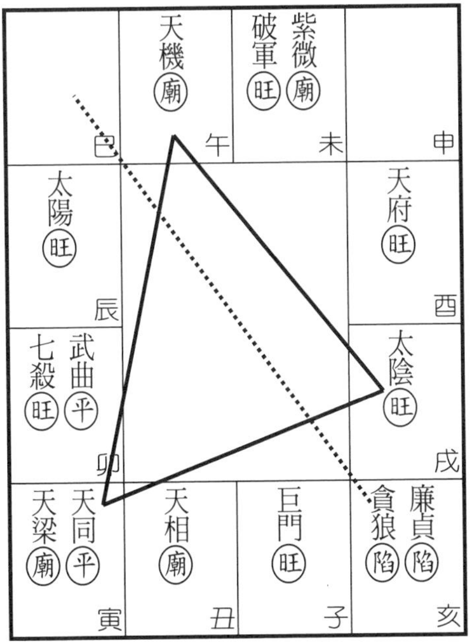

你們命局中的基本型態就是『機月同梁』格(由寅、午、戌宮形成)。因為『太陽』和『天梁』的角度不好，因此無法形成完整的『陽梁昌祿』

格。**亦可有折射的『陽梁昌祿』。由寅、午、戌、辰一組的宮位或由『申、子、辰、寅』一組的宮位形成，都非常有用。**

『紫微在未』命盤格局的人，若有『火星』、『鈴星』在『巳』宮出現，還會有稍許的暴發運。若『火星』、『鈴星』出現在『亥』宮，暴發運微乎其微，也許暴發最多只有一、二十萬而已了。

你們一生都是需要拼命努力才會順利有事業的人。所幸的是你們的『太陽』、『太陰』、『天梁』等『貴人星』及『好運星』都在旺位，運程要比『紫微在丑』命盤格局的人，好出很多來。從軍警職會有較大的功績與前程。此外做薪水階級，上班族會較順利。

9 『紫微在申』命盤格局的人

『陽梁昌祿』格 — — — —
『機月同梁』格 ————
『武貪』格 ……………
『火貪』、『鈴貪』格 ……………

9.紫微在申

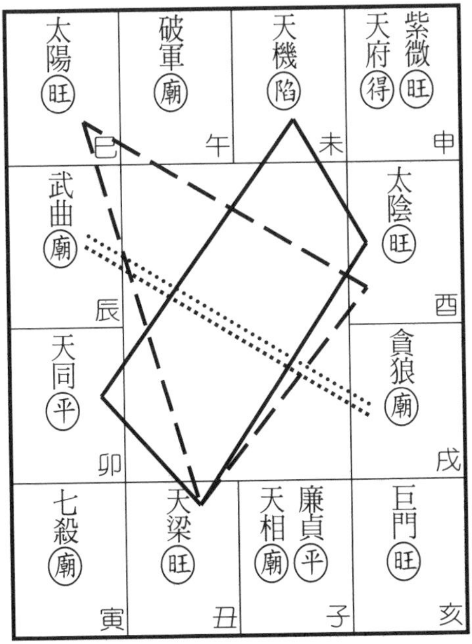

你們的命盤格局中有三種形態的格局。包括有『陽梁昌祿』格(由丑、巳、酉宮形成)、『武貪格』(由辰、戌宮形成)、『機月同梁』格(由丑、

卯、未、酉宮形成）。丙年、丁年、戊年、庚年、辛年、壬年生的人，又生在丑時、巳時、酉時的話，你們是擁有非常完整的『陽梁昌祿』格的人。

此命盤格局的人，多半會自己開創大事業，不會去走官途，例如長榮海運的老闆張榮發先生即是此命盤格局的人。

如果在辰、戌宮再有『火、鈴』進入，會有雙重暴發運，但以『火星』和『貪狼』同宮在戌宮較好。『火星』和『武曲』同宮在辰宮，仍有『刑財』的危機，辰年較有傷災刑剋。

10 『紫微在酉』命盤格局的人

你們擁有標準的『機月同梁』格（由申、子、辰宮形成），『太陽』與『天梁』又在子、午宮相對照，很容易形成『陽梁昌祿』格（由子、午、卯、酉宮形成）。乙年、丁年、己年、庚年、辛年、壬年、癸年生的人，又生在丑時、辰時、未時、戌時的話，會擁有完整的『陽梁昌祿』格。

『陽梁昌祿』格 ─ ─ ─ ─ ─
『機月同梁』格 ────────
『武貪』格 ……………………
『火貪』、『鈴貪』格 ……………………

10.紫微在酉

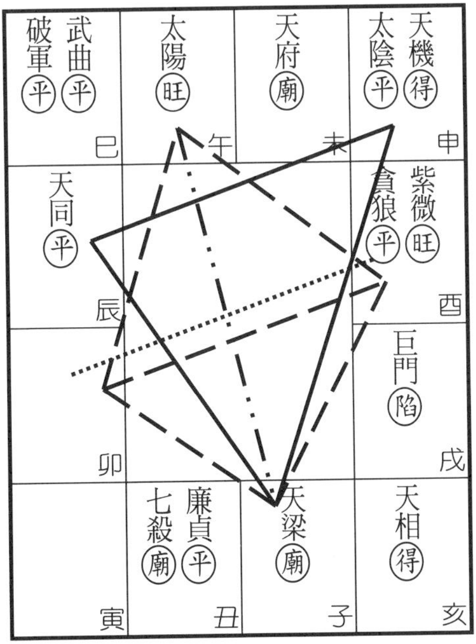

下列生年生時的人，會擁有『火貪格』、『鈴貪格』暴發運(卯、酉宮)：

◎寅、午、戌年生的人，生在寅時、申時的人有『火貪格』。生

好運一定強

在子時、午時的人有『鈴貪格』暴發運。

◎申、子、辰年生的人，生在丑時、未時會有『火貪格』。生在巳時、亥時會有『鈴貪格』。

◎巳、酉、丑、亥、卯、未年生的人，生在子時、午時的人有『火貪格』。生在巳時、亥時的人，有『鈴貪格』。

※有『機月同梁』格和『陽梁昌祿』格兩種格局的人，會從政府公務員做起，從官職一步步的往上邁進。例如前國防部長陳履安先生便是『紫微在酉』命盤格局的人。

同樣的，若有包括『火貪』、『鈴貪』等暴發運在內，有三種格局在命局中的人，會自己開創大事業。

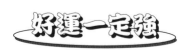

11 『紫微在戌』命盤格局的人

『陽梁昌祿』格 ——————
『機月同梁』格 ————
『武貪』格 ⋯⋯⋯⋯
『火貪』、『鈴貪』格 ⋯⋯⋯⋯

11.紫微在戌

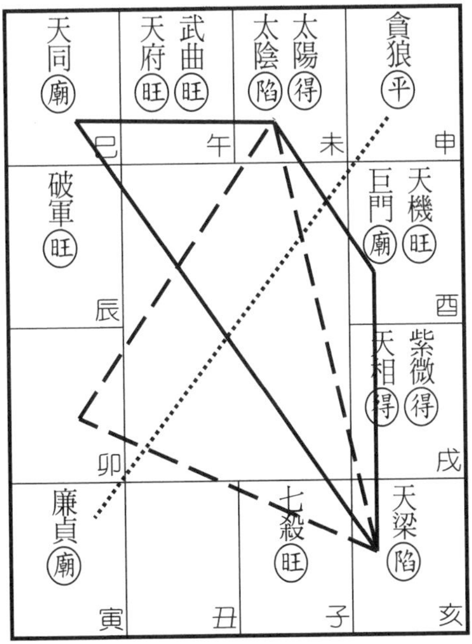

你們具有『機月同梁』格(由巳、亥、酉、未宮形成)和『陽梁昌祿』格(由卯、亥、未宮形成)的混合體。乙年、丁年、庚年、壬年生的的人，又生

好運一定強

在卯時、未時、酉時、亥時的人，是具備完整的『陽梁昌祿』格的人。

下列生年、生時的人，會擁有『火貪格』、『鈴貪格』暴發運：

◎寅、午、戌年生的人，生在丑時、未時有『火貪格』。生在巳時、亥時有『鈴貪格』。

◎申、子、辰年生的人，生在子時、午時有『火貪格』。生在辰時、戌時有『鈴貪格』。

◎巳、酉、丑、亥、卯、未年生的人，生在巳時、亥時有『火貪格』，生在辰時、戌時有『鈴貪格』。

『紫微在戌』命盤格局的人，多半會做公職、教職。雖然你們的『天梁』貴人星是陷落的，但『太陽星』是居旺的，因此靠自身的努力，仍可大有作為。你們多半有一技之長，成為擁有特殊技能的專業人才。一生的運程是平穩安定的漸次向前邁進。因此也會有不錯的事業表現。

12 『紫微在亥』命盤格局的人

『陽梁昌祿』格 ————
『機月同梁』格 ————
『武貪』格 ·······
『火貪』、『鈴貪』格 ·······

12.紫微在亥

巳 天府(得)	午 太陰(平) 天同(陷)	未 貪狼(廟) 武曲(廟)	申 太陽(得) 巨門(廟)
辰			酉 天相(陷)
卯 破軍(陷) 廉貞(平)			戌 天機(平) 天梁(廟)
寅	丑	子	亥 紫微(旺) 七殺(平)

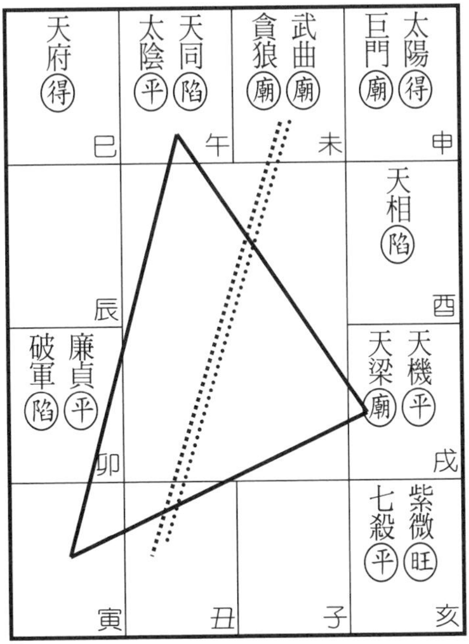

你們具有『機月同梁』格的標準格局（由午、戌二宮形成）和『武貪格』（丑、未宮）的混合型態。因此你們肯定會做公教職，或在大機構上班

的薪水階級。從軍警職比較能入官途。你們一生會把精力投注在事業與賺錢上。除非有特殊的機緣，否則較少會去增高學歷或做政府官員。你們一生是大起大落，但仍有極強的奮鬥力量，會把握每一個突起的暴發運。

某些人也會形成折射的『陽梁昌祿』格。例如『申、子、辰』一組宮位再加寅宮，其中有『化祿』、『祿存』、『文昌』。另一種是『寅、午、戌』一組宮位再加『辰』宮，其中有『化祿』、『祿存』、『文昌』時，就可形成『折射』的『陽梁昌祿』格了。

另外有『火、鈴』進入丑、未宮，也可形成雙重暴發運格。

如何利用『天梁星』來造『貴人運』及『貴運』

1 每一個人的命盤中都有『天梁星』。

你首先要確定屬於自己的『天梁星』坐在什麼宮位。『天梁』居『子』、『丑』、『寅』、『卯』、『辰』、『午』、『未』、『戌』等宮都是居旺的。只有在『巳』、『申』、『亥』宮時是落陷。

若你的『天梁星』是居旺的，而又確定自己擁有『陽梁昌祿』格的話，在運逢『天梁運』的流年與流月中，你都能確定自己可擁有極佳的考試運、升官運、長輩貴人運、長輩朋友運。也可確定此運程中會擁有好的成績。

『天梁』在『酉』宮時因和『太陽』同宮，此時的『太陽』居平陷之位，為日落西山，『天梁』亦在『得地』之位，故情況並不太好。

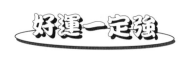

此時若形成『陽梁昌祿』格，依然會有考試運。可是升官運及貴人運不算強，這是需要有心理準備的。

2 『天梁』在『巳』、『亥』、『申』宮居陷的人，當『天梁』在『巳』、『亥』宮居陷時，你是『紫微在辰』、『紫微在戌』命盤格局的人。你若仍是具有『陽梁昌祿』格的人，你仍是有考試運及升官運的人，只是貴人不顯，一切必須靠自己的努力，若能辛苦一點，考試與升官依然有希望。貴人就是『你自己』！若命格中沒有『陽梁昌祿』格的人，你在走『天梁運』時，會因對宮『天同』福星居旺的影響很愛玩、愛享福。那此時就快樂的玩耍吧！

『天梁』在『申』宮時與『天同』福星同宮，此時福星居旺，你也是喜歡忙碌玩耍的運程，此時你是『紫微在丑』命盤格式的人。在這個『同梁』運程裡，只要有固定的工作，你並沒有太多的進取心，因此你也從不會擔心『貴人運』的問題。

3 在具有『天梁居旺』的流年、流月中，多與長輩級、上司級的人物接近，你會更容易得到『貴人運』。

在『天梁運』的運程中，你的心情是開朗寬闊、不拘小節的。由其對周遭的親朋好友，無論老少都會關懷備至、慈愛照顧。此時你非常喜歡幫助人，因此給你積下許多善因。『貴人運』也很容易降臨在你的身上。

4 在具有『天梁運』的流年、流月中，因『天梁』所在的宮位，即是拜神最靈驗的宮位。你應在此時多參加宗教活動。在宗教場所中、天人相應合，會給你帶來極佳的『貴人運』。許多政府高官在職務變動之際，多轉向宗教活動的虔誠參與，即是知道『貴人運』也在宗教之中。

5 在『天梁居旺』的流年、流月中，你會具有穩定的性格，善於策劃謀略，也會特別注重個人的利益，因此你對能幫助你，對你有利的人、事、物會特別留意。也很願意對能幫助你的人所產生的要求提出相對的回應，是故你很容易便察覺出誰是你的貴人了。

而在『天梁居陷』的流年、流月中，你卻並不認為別人幫得上忙，因此也不想麻煩別人。有時你根本不喜歡、不希望別人管你的閒事。若能改變自己的這個想法，『貴人運』也不是完全沒有希望的。

太陽星

這是『貴人運』中能讓你好運旺盛，有蓬勃士氣的一顆星。

特質：

『**太陽**』**主權貴**。因此『太陽』居旺時，可掌父權、夫權、子權。也可掌有一切對男性社會團體中的領導地位與主控權。

『**太陽**』**亦主事業、地位、技術與一切能源的東西**。我們可以發現在太陽居旺時，『貴人運』會得到更好的發揮，並有積極和成果良好的發動力。當『太陽』居陷時，『貴人運』的發動力較差。你可能只是被動的在等待機會。

『**太陽**』**居旺時，你的貴人是男性**。你與男性的關係也較好。此時你命盤中的『太陰星』也多半是居旺位的（『日月』在未宮例外）。

因此女性對你也有輔助的力量。

當『太陽』居陷時，你有自我畏縮的表現，就像『太陽』躲在烏雲後面一樣，你害怕被人拒絕，也害怕受到打壓，因此喜歡躲在人後觀望別人的熱鬧場面。凡事都退縮的結果，當然好運不容易掉在你的頭上。『太陽』居陷時，『太陰星』也多半是居陷的（『日月』在丑宮除外）。這是『日月反背』的現象。此時你不但失去了男性貴人，就連女性貴人也無法靠近了。並且你的財運也有不順的現象。

所產生的效益：

『太陽星』在我們一生的運程裡，影響人生的亮麗面，與好運的多寡，因此也是影響非常鉅大的。因為『太陽』居旺時，『太陰星』也會居旺位，在事業與金錢上比較會帶來順利的發展，財富也較多。『日月反背』時，運氣受制、停滯、財運不佳、奮鬥力量不足，人生的運程不順，不能繼續向高處發展。

在『陽梁昌祿』格這個主貴的格局中，『太陽星』也是佔有舉足輕重的地位。倘若這個格局失去了『太陽星』便不成格局。『太陽星』居陷時，這個格局的層次會下降，而且人生中逢『太陽運』時會有運氣晦暗的感覺。不過呢！『陽梁昌祿』格中太陽居旺時，當然會一帆風順。而太陽居陷時，只是不利官運、貴人運罷了，對於考試運的影響較小，只要好好努力，還是會有好的成績，因此我們可以說『陽梁昌祿』格是一個利於讀書的運格，而太陽居陷時只是徒增辛勞而已。

如何利用『太陽星』來造『貴運』

當我們白日看到太陽的時候，都知道它是絢麗多彩、光芒四射的，看不到太陽的時候，不是陰天多雲，便是黑夜了。『太陽星』在我們人生的運程裡也是一樣。當你命盤中的『太陽星』是在寅、卯、辰、巳、午、未宮居旺位時，你是開朗、寬宏、不愛計較的人。你所有的開心日子也多一點。當你命盤中的『太陽星』是在申、酉、戌、亥、子、丑宮時，『太陽』是從日落西山，漸漸沈落在地平線之下。

在『太陽陷落』時，你的心情沈悶、鬱結，有事也不願意講。雖然你的性格依然寬宏，但有時像個受氣包一樣，處處隱忍、退讓，但卻不甘心如此。可是能源的發動力不夠，又無法衝破現實的重重天羅地網，於是鬱結的心情更嚴重。

當你的『太陽星』是居旺的，當然你很清楚自己在『太陽運』裡是愉快的、順利的，並且喜歡和男性朋友、上司、長輩、同僚、下屬多接近，也喜歡和有陽剛之氣或有陰柔之氣的女性多接近。這些人也感染到你的快樂、開朗、寬宏、正義感，而對你欽佩，受你吸引，也會頻頻對你貢獻出自己的長處。因此太陽星的『貴人運』簡直就像兩磁極的吸引力一般，鉅大而密不可分了。

倘若你命盤中的『太陽星』是陷落的，這種吸引力雖然較小，但也不是絕然沒有，這其中的關係只是因為你本身的磁性感應較差，而無法放出相等的電量，與外界相互溝通、交流所致。既然如此，你又無法改變自己。因此我建議『太陽居陷』的朋友們，多利用『太陽落陷』的流年、流月裡多讀書、多充實自己，多去學一門自己專長的技術，以備旺運時，更可大刀闊斧的大展雄才。千萬別忘了你的『陽梁昌祿』格中的考試、讀書運還能給你在來年、來月帶來更大的『貴人運』喲！

再則，命盤中有『太陽居陷』的朋友，尤其在『太陽居陷』的年份，應多外出，曬曬太陽、接收太陽磁場感應，這樣也能使你對外的溝通較好，人際關係較順暢，機會較多，好運、貴人運也會增強。

太陰星

很多人不認為『太陰星』是貴人星，但是我們從小受到母親的慈愛照顧，母親可算是我們的貴人。命宮中有『太陰星』的男人，例如『太陰坐命』、『同陰坐命』、『機陰坐命』的人，多半會因女性的幫助而成功。因此『太陰星』在很多人的命格中也算是一顆『貴人星』了。

特質：

『太陰星』是母星，又是妻宿。主宰田宅、又主財，化氣曰富。『太陰』就是月亮，為太陽反射的光芒，因此有陰柔的一面。『太陰』有多情善感、外柔內剛、性急好動的特性。

當『太陰』在酉、戌、亥、子等宮為廟旺之鄉時，女性很容易成為你的貴人。不但與你有情有義，且給你帶來財利大豐收。在事業上是一種緩慢漸進，前途大好的趨勢。

『太陰』在卯、辰、巳、午、未宮為失輝，居陷落之位。若你的命盤中，『太陰星』在此位的人，會多愁善感、優柔寡斷、性急好動依舊，在性格上放不開，常為小事鬧彆扭、愛計較，是個難纏的傢伙。別人都怕了你，不但連女性的貴人都沒有，就連男性的貴人也敬而遠之了。

因此在走『太陰居陷』的運程時，也就是在『太陰居陷』的流年、流月裡，凡是有此命局的人，都要小心，注意自己的態度問題，若能隱藏起你自身性格上的缺點，『貴人運』還是會很順利的。

所產生的效益：

『太陰星』在我們一生中的運程裡，不但影響和女性的好運關係，也影響我們一生的財運。沒有人會想財運不好的吧？所以我們要小心侍候這個『太陰運』的日子。

運逢『太陰運』時也容易落入情網、談戀愛。因為每個人在行運到『太陰』所主的年份、月份裡，都會產生敏感、精神緊張，有一點神經兮兮。同時也有溫柔多情的一面。在這個『太陰運』的年份、月份裡，你的情緒彷彿潮汐受到月亮圓缺的影響一般，是起伏不定、潮起潮落的狀況的。

當『太陰運』在旺位的候，你此時的性格溫柔體貼、善解人意、多情款款，凡事喜歡用感覺和情愫來處理事物，常常會做一些在情不在理的事情，比較意氣用事，也比較因情護短，這是不夠理智的時刻。但你的運氣很好，在感情的付出和收獲方面還堪稱平衡，使你心情愉快。做事也順利了許多。錢財也順利的擁有和積蓄。

當『太陰運』在陷位的時候，你急躁的心情常掩蓋住了你的溫

柔。『太陰』陷落時，人天生的敏銳性較差，有時你感覺不出問題的所在，有一時茫然的情況，茫然也使你憂心。憂心的結果也常造成理智性不足，容易衝動、說話與做事都欠思考，而引起紛爭。尤其是與女性的紛爭更鉅，也因此讓你感覺運氣不好。感情付出得不順利，做事有置肘，當然錢財也無法順利進帳了。

如何使『太陰運』的『貴人運』強起來

要利用『太陰星』來造運，當然以『太陰星』居旺時最好用。『太陰居旺時，你具有與女性關係和諧親密，最佳人緣、最佳愛情運、最佳財運的三種籌碼，要得到女性貴人的幫助是易如反掌的事。

你可以選擇流年、流月、流日行經『太陰運』時的日子，在你周遭的女性長輩（包括母親在內）、姐妹、女性朋友、女性部屬之中尋找適合幫助你目前需要的人。運氣會很不錯。

不過你必須明瞭的是：『太陰運』是一個柔和、漸進、保守的運程，利於發展愛情、找工作、增進與女性的人際關係。但是在金錢運上是保守的、暗藏式的。如果你要找女貴人借錢，或是想得到女貴人之助幫你賺錢，這個金錢的數字是恰恰好充裕的數字，是不會太大的。而且借錢的時間最好在晚上或是私下談話、背地裡好言好語的去借。不可在大白天、大庭廣眾之間去談借錢的事。因為『太陰』主陰柔，以在夜間最旺的關係。

若是『太陰運』程是居陷的，你最好靜待下一年或下個月份，和下一日再做打算。若是一定要用這個『太陰陷落』的運程，只有『太陰』在卯宮，對宮有『天同星』的人，外出到外面的環境去尋找貴人，還有一點希望，但是財利也甚少。而『太陰在巳宮』、『太陰在辰宮』的人，因外在的環境運氣也不佳。因此這個『太陰運』最好別用。

紫微星

『紫微星』是屬於環境和事件上『貴人運』的星曜。

特質：

『紫微星』在流年、流月、流日的『紫微運』裡扮演著福星福將的角色。『紫微星』在命盤中無論入那一個宮位，那一個宮位就會尊貴。無論入那一個年支，那一個年支便很吉祥。『紫微星』雖有解厄呈祥的特質，但有『羊、陀、火、鈴』來沖，也會減少『貴人運』的優質特性。尤其是『紫微』與『羊、陀』同宮時，在流年、流月裡，『貴人運』直接受到傷害。或是會遇到地位高，但品性惡劣奸險的貴人。最後因『貴人運』而帶來傷災、破耗、是非麻煩。

『紫微』與『祿存』同宮時，流年、流月逢到，雖然能帶來財利。但是因為『羊陀相夾』的關係，『貴人運』並不特別好。因此要注意的是此時的貴人可能就只有你自己做自己的貴人了。別人幫不上忙，也許只是更欺侮壓榨你而已，要多小心留意這個『貴人運』！

所產生的效益：

『紫微星』在我們一生的運程裡，多半是正面的影響。只要沒有前述與『羊陀』同宮或相夾、相照的狀況，一切都是美滿祥和的局面。運逢『紫微運』時，你的態度穩重、氣派、人緣較好，能得到他人的敬重。利用『紫微運』來參加考試、進陞官職、創造事業、開拓人際關係、整理財務都是不錯的運氣。

但是你必須注意的是：『紫微』本身是主貴、不主財的。因此在進財方面只是祥和順暢、富足而已。是一種隱藏的財，能夠積蓄財富。對於好大喜功、拼命想獲取意外財富的人，『紫微運』會讓你失望的。

如何利用『紫微星』來造『貴運』

要利用『紫微星』來造運，是非常容易的事情，而且每一個人都辨得到。『紫微星』從無陷落之分。『紫微星』就是我們俗稱的北斗星，只有在『子』宮時居平位，在『辰』、『戌』宮時為得地合格之位。在其他的時間與宮位裡都是在廟位與旺位的地方。雖然『紫微在子』宮居平，仍是有祥和致勝的力量的，我就曾看過有人利用這個『紫微在子』的運程參加高考得中的事實。因此利用『紫微運』來增加一切的好運與『貴人運』，都是極其輕鬆而能成功獲得的。

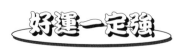

天機星

『天機星』也是屬於環境和事件上『貴人運』的星曜。

特質：

『天機星』有變動的特質，浮動性很大。『天機』也有聰明、機巧的特性。當『天機』居旺時，在流年、流月的『天機運』裡，你會因聰明機巧、靈機一動，而改變現實的環境，也會因這種改變使自己的境界和所處理的事情變得比原先要好很多的局面。『天機』居旺，若與『天馬』同宮的『天機運』裡，會因外出他鄉而得到好運，也會遇到極佳的『貴人運』。

但是『天機』居平陷之地時，會愈變情況愈不佳，會每況愈下。因此在『天機居平陷』的運程裡，最好靜守不動，否則情況無法控制。

可是往往人在弱運時，不是具有悲觀的想法，要不然就是想拉抬運氣，變換環境，因此在居陷的『天機運』裡，你好像還真躲不過命運的捉弄似的，而將自己愈變愈陷入運氣的谷底了。『天機』居平陷時，常有自恃聰明，但又思慮不夠周詳的問題存在。實際上，『天機星』在居平、落陷時，真正不夠聰明，而且幻想又多，行動又快，又不計後果，又喜歡鑽牛角尖。這些種種的特質，實在是容易受人討厭和排斥的。要想在此時尋找『貴人運』又那裡可能呢？

所產生的效益：

『天機星』在我們一生的運程裡，常帶來無數的變化。也是因為這些變化，使我們的人生產生趣味性，也帶來哀嘆。

在所有的命盤格局中，有『紫微在子』、『紫微在寅』、『紫微在午』、『紫微在申』四個格局型式的『天機運』是居平陷之位的。但是最糟糕的只有命盤格局型式是『紫微在子』格式的人。因為其『天機星』的對宮之主星『太陰星』也是陷落的。不但在事物與環境中的『貴人運』沒有機運了。就連女性的『貴人運』(包括母親、姊妹)也失去了，怎不叫人遺憾呢?此外像『紫微在寅』、『紫微在申』命盤格式中，至少『天機星』對宮的『天梁』是居廟位的，也就是說只要到外面去，就有『貴人』相助。因此外面的『貴人運』很強。而『紫微在午』命盤格式的人，『天機星』的對宮『太陰星』是居廟的。雖然運氣不佳，但至少有女性貴人運可助運。因此算凶中帶吉了。

『天機運』在旺位時，也是會有許多情況產生的。例如『天機』與『巨門』在子、午宮相照時，會因外面環境的是非紛擾，讓你的運氣像坐雲霄飛車一般忽上忽下的，但最終的狀況是不錯的，這是『塞翁失馬、焉知非福』的一種狀況，在事物與環境中的貴人運還不錯。

『天機運』在卯宮或酉宮與『巨門星』同宮時，我們稱『機巨運』。此時的『天機居旺、巨門居廟』。這個運程只適合讀書做學問、參加考試或做教職，有好成績。但做其他的事情『貴人運』並不好，而且是非口舌糾纏的厲害。『機巨運』就是要競爭。是非、麻煩嚴重時，用吵架、用強烈爭執的手段都會贏，這是一個強勢競爭，用口才、聰明、才智得利的運程。若是不吵、不爭、懦弱怕事，就會失去機會了。

『天機運』在寅、申宮與『太陰』同宮時，我們稱為『機陰運』。這是一個變化詭異的運程。**『機陰運』在寅宮時**，會因『太陰』居旺的關係，而產生環境上的變化而帶來財利。這個『機陰運』會因愈忙祿愈奔波，又遇到女性的貴人，而帶來極佳的『貴人運』。**『機陰運』在申宮時**，『太陰』居平陷之位，奔波勞碌的厲害，但是機運卻愈變愈不好。『貴人運』愈變愈差，財運也差。

如何利用『天機星』來造『貴運』

利用『天機星』來造運，當然要選『天機運』居旺時較佳。

『天機星』在子宮或午宮時，你可以利用良好的口才，或稍許的是非口舌來抬高自己的知名度，致造一些事件來形成自己的轉機。這是一種自助式的『貴人運』方法。

『天機星』在丑、未宮時，你要到外面去尋找『貴人運』，不可待在家中，否則問題更多。要不然就躲起來，躲過這個愈變愈壞的『天機運』吧！

『天機星』在寅、申宮。在寅宮，你可東奔西跑的在忙碌中找到女性的『貴人運』，幫你生財得利。**在申宮時**，你會白忙一場，還是等下一個運程再去找『貴人運』吧！

『**天機星**』**在辰、戌宮時，**因和『天梁』同宮，機運雖不是很好，但是你很聰明、有智謀，很容易在身旁找到『貴人運』。

『**天機星**』**在巳宮時**，到外面去找女性的『貴人運』會有大收穫，尤其是助你生財的『貴人運』最佳。

『**天機**』**在亥宮時**，最好找個地方躲過這個『天機運』，否則做事、感情、財運皆不順，真是傷感情的事。不過下一個運程就是『紫微運』了，可以好整以暇的等待吧！

貪狼星

『貪狼星』一向都有『好運星』之稱。在『貴人運』裡有突發的趨勢。

好運一定強

特質：

『貪狼星』的特質特別多。為桃花星、人緣特佳、油滑不得罪人。多才多藝、慾望多而強烈、好動、驛馬重、愛爭、奔馳不停。因此我們很容易發現到，人行運至『貪狼運』時都有喜歡交際、急欲尋求『貴人』幫助自己，而且對名位、權力、財利的慾望有強烈爭取的現象。

流年、流月走『貪狼運』時，你會採取攀強附勢的手段，到處交際尋找『貴人運』。這樣說也許有些人不肯承認，但是在『貪狼運』裡，你確實有想迅速成就一些事情，而讓自己達成願望的想法。

所產生的效益：

『貪狼運』在我們一生中，也是最具影響力的一顆星。因為在我們人生運程中，在我們命盤格局裡更存在著一個神祕的、鼎足而立的三

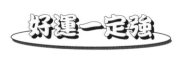

角形格局。那就是『殺、破、狼』的格局。每當行運到這個『殺、破、狼』格局中的任何一顆星時，人生就會產生變動。而貪狼星正是這個格局中的一員，這在後面的章節中會專門來談這個『殺、破、狼』格局。

『貪狼星』遇到『武曲』，形成『武貪格』。遇『火星』形成『火貪格』。遇『鈴星』形成『鈴貪格』。這些都是『暴發運』的運格。我們當然覺得這些都是好運道。但是『貪狼』單星行運時也會有好運嗎？這個答案也是肯定的。

『貪狼』在子宮或午宮時，會因對宮『紫微』的影響，外界帶來吉祥的環境，再加上人緣交際的成果而產生好運道『貴人運』。

『貪狼』在寅宮或申宮時，對宮是『廉貞星』，會因多重的謀略計劃、為自己製造好運道及『貴人運』。

『貪狼』在卯、酉宮時，會因桃花運強，無論是在男人、女人的團體中，都能得到兩性的寵愛，找到很好的『貴人運』。

『貪狼』在辰、戌宮時，是『暴發運』的格式，這其中『貴人運』的力量當然也最強。很多『暴發運』也多半是貴人助運造成的。

『貪狼』在巳、亥宮時，此時是『貪狼運』裡最糟的一刻。因為『貪狼』與『廉貞』同居陷落的位置，機運不佳，才智差，人緣亦差，如此的境況，要到那裡去找『貴人運』呢？因此只有靜待下一個運程較佳。

如何利用『貪狼星』來造『貴運』

『貪狼星』在居旺時，本身因為有人緣、才藝和慾望很多、機緣很豐富等等的企圖心，本身就具有極強的造運推動力量。因此易於與貴人接近，貴人也喜歡幫助此等人。『貪狼』與『武曲』、『火星』、『鈴星』同宮時，『暴發運』幾乎是貴人一手造成的。這種好運機會是千載難逢的。當你在走這些暴發運時，『貴人運』根本就是從天而降的神仙一般，用雙手捧著你，將你舉向雲霄。但暴發運中的『貴人運』時間極為短暫，因此你要做好準備，否則貴人撤手時，從高處跌下會摔得七零八落的，這也是『暴發運』中暴起暴落的特質了。

己年生的人，其『武貪格』裡，不但有『化祿』，還有『化權』。『貪狼化權』的威力實則在一切的『貴人運』、『暴發運』之上，真是所向無敵的好運。

『貪狼運』最怕羊、陀同宮，這是會傷害影響『貴人運』與『暴發運』的。有『火星』、『鈴星』與『貪狼』同宮時，『暴發運』增強，但是在『貴人運』方面沒有太多的助益。**『貪狼運』亦怕與『化忌』同宮**，『貪狼化忌』的運程裡會有美中不足的事，身體上的傷災和因暴發好運而帶來的是非糾葛，令人頭痛。

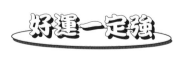

文昌星、文曲星

『文昌星』、『文曲星』屬於『時系星』，也具有『時系星』的特性，在我們人生運程中屬於臨時貴人的『貴人運』。

特質：

『文昌星』主功名科甲、學識文藝、名譽、聰敏、精明、計算能力。它是『文魁』之星，有文貴。它亦是『陽梁昌祿』格中頂重要的一顆星，缺了它便不能成格局。『文昌』在巳、酉、丑宮為入廟，是真正『陽梁昌祿』格最尊貴的格局。在你的命格中若有此格局，則可確定你會是個擁有高學歷、有主貴前程的人了。生活的層次也在文化層次的上層。

『文曲星』為『文華星』，是文雅風騷之宿。所主的是異途功名，很多演藝人員所具有的音樂、舞蹈、口才、特技都是由『文曲星』的作用而來。『文曲』在巳、酉、丑為入廟，在寅、午、戌為陷落。『文曲星』雖然在特殊的技能行業、才藝上擁有臨時的『貴人運』。但是它是不入任何格局的。因此它是單星作用的『貴人運』。你必須在藝術方面、口才方面、舌辯方面、虛華事物方面才會遇到它。文曲在『寅、午、戌』宮居平陷之位時，此等『臨時貴人運』也碰不到了。更有可能因口才、舌辯、才藝的能力缺乏而遭是非災禍。

所產生的效益：

『文昌星』在『陽梁昌祿』格中所產生的效益是挺大的。因此『文昌』居旺在這個格局中就成為必要。沒有高的智商、做學問的能力，精明處事的方法，就是有再多的貴人來幫忙，有再多的好運來相助，阿斗還是扶不起來的。因此『文昌』必須居旺。落陷的『文昌星』，構不成好的『陽梁昌祿』格。同時其人也不喜歡讀書，也不喜歡文藝方面的事物。

『文曲星』的『貴人運』層次沒有『文昌星』高，只是屬於通俗性、遊藝性、佔便宜性的『貴人運』。因為『文曲星』所帶有的人緣桃花，重色桃花，口舌銳利討喜，又擁有藝術方面的技能，很能在人際關係中游刃有餘，找到自己的『貴人運』。這種『貴人運』是臨時發生出現，是一種臨場感的歡樂場面。因為是『臨時貴人』，這個『貴人運』可以持續的時間便不長，有時是一個月、有時是一天，更可能只有幾個小時，因此當你擁有經由才藝表演而得到貴人提拔時，可要快速抓住這個機會，要不然它便很快的就溜走了。

如何利用『文昌』、『文曲』來造『貴運』

利用『文昌星』來造運，當然最好的就是要有『陽梁昌祿』格。

而且每一顆『運星』都在旺位上。再加上『文昌』也居旺的話，有廣博的學識、儒雅的舉止、平步青雲的運程，步步高陞，一路走來輕鬆自在，貴不可當。

但是若『文昌』在居陷的位置，或是沒有『陽梁昌祿』格的人怎麼辦呢？

這時會有幾種狀況產生：

1 若『陽梁昌祿』格中的『文昌星』居陷的話，當然在你命格格局中是沒有那麼文雅儒秀的了，計算能力與精明度也不夠好，也就是讀書的能力稍差一些，倘若『太陽』、『天梁』其中之一居旺，但是你依然有稍許的『貴人運』。在陷落的星曜行運年度中尋找『貴人運』會較辛苦，而沒有把握。競爭力較差，或參加考試成為不確定的結果，但是這一切仍要靠你的加倍努力，或可改善的。

2 若是你沒有『陽梁昌祿』格，而『文昌星』居旺在流年、流月行運逢到時，在此年、此月中你是精明剔透的人，也很有文藝傾向的愛好，對學習新事物很感興趣。在某些文化性高的場合會碰到你的『貴人運』。但是因為是『臨時貴人』，因此時間很短暫，你必須要把握時機才行。

3 沒有『陽梁昌祿』格，而『文昌星』又陷落的人。通常你很忙碌生活上的瑣碎事物，很少看書，你可能是一個坐不住，也不喜歡待在家中的人，因此你從不會對讓你讀書的『貴人運』感興趣。你只想找幫你發財的『貴人運』。但是因為文昌居陷，精明力不夠，因此你並不能明瞭那些人才是你的貴人。

利用『文曲星』來造運時，也必須是『文曲』居旺才有效果。而且也要選擇場所和機會。例如演講會、辯論會、才藝表演的場所、演藝事業的舞台、音樂、舞蹈比賽等地的場所，或是舞會、交際酒會、展覽會場、熱鬧的地方(如喜宴、球場、賽馬會)等等，在這些地方，多去展現你的才藝、口才，很容易找到你的『貴人運』。但是也要注意這個『臨時貴人運』有稍縱即逝的問題，必須立即把握才會有效。

化權星

『化權星』是一個力量很強，能發自內在能量，使你自身產生極大控制外在環境、事物的一種力量。『化權星』之為『貴人星』產生

『貴人運』完全是自主性的『貴人運』。也就是說內在的力量，使你自己成為自己的貴人。

特質：

『化權星』有固執、有權威、可高高在上，受人敬畏的特性。『化權』也有自視過高、剛烈、霸道、有時不講理、喜奪權佔位的本質。每一個人命盤裡都有『化權星』。『化權星』會隨主星而性情有變，或者是更加強了主星的特質。主星居旺時，『化權星』能增其光輝。主星陷落時，『化權』更增其成為負面的影響，例如太過固執、不講理、懦弱等性情。主星為煞星時，化煞為權，更增其勇猛開拓的精神。例如『破軍化權』即是。

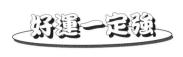

所產生的效益：

『化權星』在『貴人運』上的效益非常鉅大而且強而有力。尤其是在『紫微化權』時能影響周遭的環境及人、事、物，都達成一種能迎合自己需求的狀況。這是對自己最有力的『貴人運』。

◎**『紫微化權』在主貴的力量方面最強。**凡是升官、考試、增名氣、地位都有無與倫比的超級能量。在金錢上的『貴人運』方面稍弱，亦可增順利富足。

◎**『太陽化權』在居旺的位置時**，這些人大多有『陽梁昌祿』格。而且會使這個格局的層次更增高，走官途或做公司、機關的負責人，基本上必定是一個掌權的工作。當流年、流月走到『太陽化權』運程時，會自然而然的鞏固地位，坐上負責人、領導階級的位置。就好像黃袍加身一般的成為工作環境或生活環境中的領導者及帝王的角色。

◎**『武曲化權』與『貪狼化權』時，**最好再『暴發運』裡的『暴發格』中，也就是在『武貪格』中，這樣不但使『暴發運』快速而有力的暴發，所增的財富與權勢地位，也會因暴發帶來最大的『貴人運』。

『武曲化權』或『貪狼化權』最忌諱居陷、或在四方三合地帶有『化忌』來沖，這是非常不利的，不但失去『貴人運』，且會因本身的太自負而給自己帶來災禍。

『武曲化權』最顯著的例子就是：陳水扁先生在辰年走官祿宮的『武曲化權』運程時，具有極強的暴發運程，選舉勝利，不但形成政黨輪替，同時也為自己創造了極大的富貴。

◎**『破軍化權』的『貴人運』**，會因幫助自己敢作別人不敢做的事，而成就大事業。『天梁化權的『貴人運』最強，尤其是居旺位時，能使周遭的人，臣服於你的理論，對你信服，因此你適合做政治、宗教的領導者。你將相信自己就是神，而別人理當信服你。這種思想在『天梁化權』的運程中當然還可順利運行，但是走到『太陰化忌』的運程時，麻煩就來了。

◎**『天機化權』居旺時**，『貴人運』常因環境或事物上產生巨變而出現，而你也很會運用一些變化的機會去製造『貴人運』。

『天機居陷化權』時，會因變化時產生固執的想法而每況愈下。

◎**『太陰居旺化權』時**，『貴人運』會在女人群與金錢堆中出現。你很會用一些柔軟的辦法，去在女性多或較陰柔的地方，或財運較佳的場所去製造『貴人運』，來使自己富裕並掌權。

『太陰居陷化權』時，會因自己的敏銳力不足，或堅持待在錢少的地方或財運不佳的地方，而碰不到『貴人運』。

◎**『天同化權』居旺時**，『貴人運』是自己送上門來的，會有人自動向你提出資助計劃、全力支持你。

『**天同居平化權**』**時**，在遊樂的場所對你有利，『貴人運』也許會在你享樂之時出現，但所幫助的能力不強。

◎『**巨門居旺化權**』**時**，你可以在是非混亂中，表現極佳的口才，找到你的『貴人運』。而且是愈亂愈好，是非愈烈愈容易找到『貴人』。

『**巨門居陷化權**』**時**，你會因固執、嚕嗦、挑剔、疑心病重的毛病使是非麻煩愈演愈烈，終究一發不可收拾。『貴人運』只成為一個幻影了。

如何利用『化權星』來造『貴運』

利用『化權星』來造運，首先的條件當然要以主星居旺。其次還要以主星的特性來分析它是屬於那一種的『貴人運』？

例如『紫微化權』、『太陽化權』、『天梁化權』是屬於主貴的『貴人運』。要達到『增貴目的』，可利用這幾個『貴人運』比較有效。

而『破軍化權』、『天機化權』是對環境、事物產生變化的『貴人運』，因此用在改變環境與改變事情變化的結果與目的上較為有效。

而『武曲化權』、『貪狼化權』在暴發機運和財富方面較為有效。

而『太陰化權』和『天同化權』比較溫和，用在人際關係和增加財富方面比較有效。

『巨門化權』用在政治方面、用言語控制別人、說服別人，或增加自己的地位、權位方面較為有效。

分析出這些『貴人運』的特質後，在特定的環境與範圍中尋找屬性相同的『貴人運』，利用這個『化權』所在的流年、流月去設定目標，並執行計劃，化權星所給你帶來的運氣會讓你驚訝的瞠目結舌！

化祿星

『化祿星』一般都是指帶來財祿的『好運星』。『化祿星』也有人緣潤滑流動的動性，在『貴人運』裡是一級棒的超級明星。

特質：

『化祿星』的特質很多，有財利的特質，有人緣桃花的特質，有能幹、油滑、愛享受的特質。『化祿星』也有比較勢力的一面，唯利是圖、喜歡閃躲凶厄，對於破財不吉之事，有不願負責任的行為。因此『化祿星』的『貴人運』只會在吉星、吉運時展現。煞星和變化大的運程時，『化祿』的『貴人運』是無法發揮太大作用的。例如『廉貞化祿』、『破軍化祿』、『天機化祿』的『貴人運』都不算是很強的，也不是很純善的『貴人運』。

所產生的效益：

『化祿運』在我們的人生中的運程裡，所產生的影響多半是正面多過負面的影響。『化祿』有錢財與人緣上雙重的『貴人運』。『化祿』也會因所跟隨的主星不同，而有不同性格與利害有別的『貴人運』。例如『天同化祿』、『太陰化祿』、『天梁化祿』是實際與『人』產生關係密切的『貴人運』。

其中『天同化祿』是一種自然享福，別人會自動送給他的好運和『貴人運』。『太陰化祿』是與女性和錢財結緣的『貴人運』。『天梁化祿』雖然在人緣的經營上很不錯，但實際裡，內在有一些問題存在，而且所帶的財利也不多。為什麼呢？主要是因為『天梁化祿』本身有一些因私心、私慾給自己帶來了一些牽制和麻煩。在『天梁化祿』運裡，你可能會因一些意外的小財富或是意外的好處，給自己帶來問題是非，成為自己心理和精神上的負擔。因此『天梁化祿』在『貴人運』中是有些麻煩負擔的問題的，並不全如我們想像中的好處多多。

其中只有『武曲化祿』、『貪狼化祿』、『巨門化祿』是真正帶來財利又帶人緣桃花的『貴人運』。但這些星曜也必須是在旺位，才算合格。否則像『武曲化祿』和『七殺』同宮時，『武曲』財星居平，在這個『武殺化祿』的運程中，依然是做得很辛苦，固然能得到一些錢財和稍許的人緣益處，但它和『武曲』在辰、戌旺宮走『化祿運』程時，其『貴人運』還相差一大截，真是有天壤之別呢！

其它如『天機化祿』、『太陽化祿』，這是種『運星化祿』的模式。

『天機化祿』主在變化中得到一些運氣。但『天機』必須居旺，才會有這種好運氣。『天機』居平、居陷『化祿』時，會因『化祿』帶來煩惱或更增加不順。

『太陽化祿』是一種錦上添花的格式。『太陽』是光芒四射、主貴的一顆星。主貴便可帶來財利，是一種貴財，根本不需要『化祿』。『太陽』是一顆好運星，本身運氣即非常高昂，『貴人運』就非常之強了，有了『化祿』之後，對『貴運』的增長已達到極限，因此比較看不出來有多大的益處。倒是『太陽居陷化祿』的人，可以在人緣關係上，或是在男性團體中的表現能力上有所展現，對『貴人運』是有實際幫助的形式。

『廉貞化祿』在酒色財氣方面與桃花事件上有『貴人運』，屬於享受類型的『貴人運』。在正經事情上的『貴人運』不大。對財運上的『貴人運』也不強。它會使人有愛好古董、蒐集藝術品和收藏品的癖好。或是有精神上的享受，如愛好音樂、繪畫、文藝創作等。也可能會轉向好色貪淫的怪癖。

『破軍化祿』在做事努力打拼上有一點『貴人運』。但是『破軍化祿』是有破耗、衝動、血光的危險性的。我們只可以說它是行動上的『貴人運』。對錢財與人際關係上想要獲得的『貴人運』是極少的。而且它是先做投資，有一點損失，才能執行行動的『貴人運』。

如何利用『化祿星』來造『貴運』

要利用『化祿星』來造運，因為『化祿』是財星，所以最好是利用『財星化祿』較為有力。例如『武曲化祿』、『太陰化祿』等等。而且財星居旺時，此時的『貴人運』可達到最高效力的效果。

其次運星居旺『化祿』時，也是最好利用的時機。

◎**如在流年、流月中有『貪狼化祿』時**，不但會有一些『偏財運』、人緣上的『貴人運』。在考試、升官方面，也能得到極佳的『貴人

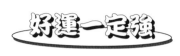

運』。

◎**在流年、流月中有『天機居旺化祿』時**，你可以製造一些環境上和事件上的變動，例如換工作、搬家等狀況，則會有『貴人』出現，形成『貴人運』。可是你若製造了一堆是非，而想混水摸魚，這類事件上的變動雖然最終仍可解決，但『貴人運』是並不一定會如你所願的會出現呦！

◎**當流年、流月中有『太陽化祿』出現時**，你多半是有『陽梁昌祿』格的人，而你正走在這個『陽梁昌祿』格的旺運裡。不論你的『太陽星』是在旺位或陷位，你都會有考試上、讀書上的『貴人運』的。因此你可好好把握這個好運。此外『太陽』居旺時，比居陷位的人，多了升官、掌權、增加更多財富的機會，因此『太陽居旺化祿』的人，在『貴人運』上是一級棒的超強運勢的人。

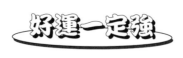

◎當『巨門化祿』出現在流年、流月中時，你會靠口才到處發掘『貴人運』。而這個『貴人運』也很容易被你說服而出現。有時候這個『貴人運』是在是非混亂中浮出抬面，被你找到的，情況很特殊。但是在『巨門陷落化祿』時，『貴人運』不強，也沒有助益。

◎當運程行經『天梁居旺化祿』的運程時，『貴人運』是十分強而有力的。這個『貴人運』有自私、喜歡自肥、又愛護短的特性。因此逢此運時，要小心周遭人的反彈情緒，否則在下一個運程來到時，會自嚐惡果，給自己帶來更多的痛苦。當『天梁陷落化祿』時，貴人運不強，也許你根本感覺不到有『貴人運』。而且你也不太會去尋找或接近『貴人運』。

◎當流年與流月行運逢到『天同化祿』運時，你會有很好的『貴人運』，而且『天同居旺』時，『貴人運』處處都在，無論考試、升官、做生意賺錢，都是別人自動送上門來，或是長輩叫你去考試、去升官的，或是有人找你給你生意做，讓你賺錢的。如此渾然天成的『貴人運』只有丙年生的人會碰到，真是太好運了。可是『天同居平化祿』的人，可能只會在遊樂方面去找『貴人運』，而並不喜歡做正經事業，實為可惜。

◎當流年與流月運逢『破軍化祿』的人，破軍居旺最好，你可以利用『破軍化祿』的運程去開創事業，在衝刺努力中會有『貴人』相助，這是必須去開發、尋找的一種『貴人運』，它不會自己從天而降，必須付出行動後才會產生。『破軍居陷化祿』時，破耗多過財利，情況不好。

◎當流年與流月行運逢到『廉貞化祿』運時，『廉貞』是一顆必須積極企劃，縝密性思考的一顆星。但是『廉貞化祿』的『貴人運』都必須是在聲色場所、藝術性、精神享受類型的地方去尋找才會有的『貴人運』。因此這類的『貴人運』對於你在升官上、享樂上也許有些幫助，但在賺錢上是沒有什麼助益的。

化科星

『化科星』一般在『貴人運』中不算是很強的一顆星。

特質：

『化科』只是對個人自身內在學問休養、性格上的氣質、聰明智慧的提昇、辦事能力的增強有較好的發展。因此『化科』這個『貴人星』應該屬於自助型的貴人星吧！

所產生的效益：

『化科星』在『貴人運』中所產生的效益不如『化權』、『化祿』來的強，但它依然有自己的力量存在。

◎在事務上的『貴人運』中包括『紫微化科』、『文昌化科』、『右弼化科』、『左輔化科』等等。

◎在考試、升官上的『貴人運』中『文昌化科』、『天梁化科』。這兩種『貴人運』實際也是『陽梁昌祿』格的主要『貴人運』。是一種主貴格局的『貴人運』。**此外『紫微化科』對於考試方面也會有『貴人運』的助力。**

◎在環境變動上的『貴人運』，首推『天機化科』。但它仍比不上『天機化權』、『天機化祿』來的有力實在。

◎『太陰化科』和『武曲化科』雖然是『財星化科』，但在財運上的『貴人運』並不強，而且會顯得有些不倫不類。因為『太陰化科』只會對其本人在氣質上，做事方面產生柔和的影響。而『武曲化科』在文藝方面、錢財方面，也不是能有『貴人運』就可產生極大發展的景況。因此這種『貴人運』實則是太牽強而沒有實際效力可言的『貴人運』。

◎『文曲化科』的『貴人運』要發展在口才、才藝方面較好，但其『貴人運』只是比『文曲』單星時好一點罷了！

如何利用『化科星』來造『貴運』

要利用『化科星』來造運，其效力實在不強，而且『化科星』的功力主要是在文科方面。因此只會在遇考試、計算、升官、做文藝活動時，在有『化科運』的流年、流月中，才會展現『貴人運』。

而『紫微化科』、『文昌居旺化科』、『天機居旺化科』、『天梁居旺化科』、『文曲居旺化科』是這些『貴人運』中的佼佼者。可以好好的把握應用。

此外『武曲居旺化科』、『太陰居旺化科』可以在文藝的環境中賺到一些錢。但財運不算很強。

至於『左輔化科』、『右弼化科』，在交友方面和工作能力方面會有超強一點的『貴人運』。

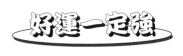

賺錢智慧王

法雲居士⊙著

偏財運會創造人生的奇蹟，人人都會賺錢，每個人求財的方法都不一樣，但是有的人會生財致富，有的人會愈做愈窮，到底有什麼竅門才是輕鬆致富的好撇步呢？

這本『賺錢智慧王』便是以斗數精華，向你解盤的最佳賺錢智慧了。

有人說：什麼人賺什麼錢！這可不一定！

只要你得知賺錢的秘笈，也一樣能輕鬆增加財富，了解個人股票、期貨操作、殺進殺出的好時機、賺錢風水的擺置、房地產增多的訣竅、以及偏財運增旺的法寶、薪水族以少積多的生財法。

『賺錢智慧王』教你輕鬆獲得成功與財富。

第四章 如何讓『朋友運』一定強

這一章談到『朋友運』了，這和前面所談的貴人、金錢、事業也是相互有關連和影響的一個運氣。前面也談到人生中的幾個格局，如『陽梁昌祿』格、『機月同梁』格…等等。就有朋友問我說：『陽梁昌祿』格裡有『天梁』這顆星！『機月同梁』格裡也同樣有『天梁』這顆星，『天梁』既然是『貴人星』，是不是擁有這兩個格局的人，便會擁有最好的朋友運了呢？

其實這並不然，我們在十二命盤格式中可以看到，具有『陽梁昌祿』格的人，只有『紫府坐命』的人、『廉府坐命』的人和『天府坐命』『丑』、『未』宮的人，在朋友宮中才會具有這顆居旺的『貴人星』。而『機月同梁』格的人，也只有『天府坐命』『酉』宮的人，和『天府坐命』『巳』宮或『亥』宮的人，其朋友宮的『天梁星』在居旺的位置上。也只有這幾種人和朋友或部屬之間能相互照顧，但他們極容易形成小圈圈、搞派系。你一定得是他們認同是自己圈子內的人，才會與你往來用心。你也才能得到他們的幫助和交好。否則你永遠只是個局外人。

在朋友宮裡有『武貪格』的人，朋友運都不算好。例如『空宮坐命有『陽巨』相照的人，你的朋友宮裡有『武貪』雙星。你的朋友多半是性格剛硬、吝嗇、嫉妒心強，脾氣又壞，常會因嫉妒而惡言相向的人。而且常到處說你的壞話，對你破壞名譽。**而『巨門坐命』『亥』宮**

的人，你的朋友宮是『武曲星』。你會擁有比較有錢的朋友，但是這些朋友都是和你有生意或工作上往來的人，做事、說話很重言諾，在私誼上都沒有很深的交情。**而『太陽坐命』『巳』宮或『亥』宮的人**，你們的朋友宮裡是『貪狼星』。你們和朋友及部屬的關係不好，來往之間非常油滑、冷淡，無法相互關心，也不會深交。在你所處的環境裡是非很多，朋友和部屬的問題很難擺平。他們常相互嫉妒、爭執，而拖你下水，讓你受連累而遭災。

在朋友宮裡，正逢『殺、破、狼』格局的人，情況也不妙。

有『七殺星』在朋友宮的人，會有剛強欺主的朋友運和屬下運。例如『日月坐命』『丑』、『未』宮的人。

有『破軍星』在朋友宮的人，則自己命宮裡都有這顆『天梁星』。例如『天梁坐命』『丑』、『未』、『巳』、『亥』宮的人，朋友宮是『破軍』。『機梁坐命』『辰』、『戌』宮的人，朋友宮是『廉破』。『天梁坐命』『子』、『午』宮的人，朋友宮是『武破』。『陽梁坐命』『卯』、『酉』宮的人，朋友宮也是『破軍』。『同梁坐命』『寅』、『申』宮的人，朋友宮是『紫破』等等。朋友讓你們花費很多。你們也必須付出很大的代價才能交到朋友。因為命宮中有『天梁星』的人，本身就喜歡搞組織、成立派系，因此要拉攏這些人就必須有好處給別人。可是你們的朋友中，常有各懷鬼胎的人。有些是貪圖利益，有些是牆頭草，你在交朋友的過程裡是非常辛苦的。要得到忠心、誠懇的朋友和部屬是比較困難的。

有『貪狼星』在朋友宮的人，你常會引起朋友及屬下的嫉妒、憎恨而破壞你的事業、名譽和賺錢機會。你常認人不清，而交上一些和你格格不入的朋友。也常受朋友的拖累，失去錢財或惹上官非。此種現象以『天機坐命』『子』、『午』宮的人，朋友宮裡是『廉貪』雙星的人為最甚。

有時候，我們會想到：為什麼這些人會有這麼差的『朋友運』呢？

從客觀的角度來看『朋友運』，這應該是人與人之間的一個互動的關係。你怎麼樣去對待別人，別人就怎麼樣去對待你的一個問題。人常常因為自身性格上的問題，陰晴不定、多疑、嫉妒、暴躁、貪赧、侵略性和獨佔性，而製造了一個也並不利於自己的環境。因此我常覺得，在自己老是抱怨『朋友運』不好的同時，也必須檢討自己是否正是這個在製造不利己環境的人。

某一些常犯『人災』被人倒債或因朋友惹官非的人，常要自我檢討。第一個錯誤是認人不清。第二個錯誤是：你要他的利，他要你的本。相互貪赧所致。第三個錯誤是：自以為比別人聰明，自視過高，重利輕友。

有時候我們也會懷疑：為什麼有人命那麼好，有那麼好的『朋友運』呢？

我們可以看到『天同坐命』『巳』、『亥』宮的人，朋友宮是『紫微、天相』。『天同』本是福星。福星坐命的人，天生有幾分懶惰，因此不愛和人競爭、性格溫和，也不愛和人吵架爭執，反正是吵不過別人，乾脆放棄。既然放棄了競爭力和侵略性，自然對所有的人不產生威脅能力。這樣的人，朋友運怎麼會不好呢？所以『天同坐命』『巳』、『亥』宮的人，所擁有的朋友，都是地位高、文化水準高、經

濟能力一流、性格穩定、態度穩重、做事、做人都特別圓融世故，親和力超強，有成熟表現的人。

因此也可證明，要想擁有好的『朋友運』，必先從自身的修『德』做起。擁有成熟穩定的性格，和圓融的智慧，就會擁有好的『朋友運』。

十二個命盤格式的流年『朋友運』分析：

『紫微在子』命盤格式

子年：『紫微在子』命盤格式的人，子年的朋友宮在巳宮，有『太陰居陷』入宮，此年『朋友運』不佳，尤其和女性朋友有紛爭，需要小心。而且女性朋友會讓你遭受破財困擾。

1.紫微在子

太陰(陷) 巳	貪狼(旺) 午	天同(陷) 巨門(陷) 吉 未	武曲(得) 天相(廟) 申
廉貞(平) 天府(廟) 吉 辰			太陽(平) 天梁(得) 酉
吉 卯			七殺(廟) 吉 戌
破軍(得) 寅	丑	紫微(平) 子	天機(平) 吉 亥

丑年：丑年的朋友宮在午宮，有『貪狼』入宮，此年的『朋友運』不佳，有善妒及背叛的朋友和屬下，會做出拖累你的事情，你必須要小心謹慎！

寅年：寅年的朋友宮在未宮，有『同巨』入宮，此年的『朋友運』亦不佳，有是非口舌讓你勞碌個不停，你暫時找不到同心同德的朋友和部屬。

卯年：卯年的朋友宮在申宮，有『武相』入宮，此年的『朋友運』較佳。你會擁有溫和、懂禮貌規矩、性格直爽的朋友或部屬，使你受益良多。

辰年：辰年的朋友宮在酉宮，有『陽梁』入宮，此年的『朋友運』還不錯，你會擁有性格豪爽、肯吃虧、有大肚量的朋友。但是男性的朋友和屬下對你的態度並不是很熱忱。對你的助益也並不大。

巳年：巳年的朋友宮在戌宮，有『七殺』入宮，此年你的『朋友運』不佳。可能有凶悍、剛強、會欺侮你的朋友或屬下出現，你應該要小心，並且不要正面與他衝突，否則有血光之災。

午年：午年的朋友宮在亥宮，有『天機居陷』入宮，此年的『朋友運』不佳。你和朋友、屬下相處有困難。此年也容易有『人災』，會碰到欠債不還、倒債或愛表現小聰明、頻惹是非的朋友，此年最要小心。

未年：未年的朋友宮在子宮，有『紫微』入宮，此年是『朋友運』極佳的一年，你會和朋友、屬下相處愉快。也會結交到地位、身份很高的朋友，也可能因為朋友的關係而幫你解決了一些金錢和工作上的問題。

申年：申年的朋友宮在丑宮，此年的朋友運逢『空宮』，有『同巨』相照，因此『朋友運』並不太好，算是弱運。要小心口舌是非的問題。

酉年：酉年的朋友宮在寅宮，有『破軍』入宮。此年你會結交一些和你個性不相同、思想不相同的各階層的人。也會因為這些朋友或屬下讓你頻頻破財。

戌年：戌年的朋友宮在卯宮，此年朋友運逢『空宮』，有『陽梁』相照。此年的朋友運不強，你會遇到性格開朗、豪爽、說話很阿沙力的朋友和屬下，但對你真正實質上的助益並不大，或者他們只是嘴上逞強，並沒有實際的能耐。

亥年：亥年的朋友宮在辰宮，有『廉府』入宮，此年你的朋友運極佳，你會參加很多交際應酬的場合去結識朋友。此年你學到了利用交際手腕去靠近和拉攏朋友和部屬，把你從弱運中拯救出來。

『紫微在丑』命盤格式

2.紫微在丑

廉貞(陷) 貪狼(陷) 巳	巨門(旺) 午	天相(得) 吉 未	天同(旺) 天梁(陷) 申
太陰(陷) 辰			武曲(平) 七殺(旺) 吉 酉
天府(得) 吉 卯			太陽(陷) 吉 戌
吉 寅	紫微(廟) 破軍(旺) 丑	天機(廟) 子	亥

子年：『紫微在丑』命盤格式的人，子年所遇到的朋友宮在巳宮，有『廉貪』入宮。今年你的朋友運極差，會遇到『人災』，受拖

累、倒帳之苦。朋友對你的態度也不好，你需多忍耐、小心。

丑年：丑年的朋友宮在午宮，有『巨門』入宮。此年在你的朋友中是非很多、個性奸滑。你也飽受是非口舌之苦。你的朋友們全是口才好、善辯之人。你也必須訓練自己的口才，才能說服他們聽你的。

寅年：寅年的朋友宮在未宮，有『天相』入宮。今年你的朋友運很好。能找到溫和、勤勞、正直的朋友和屬下，對你有很大的幫助。

卯年：卯年的朋友宮在申宮，有『同梁』入宮。你此年的朋友運還不錯。但是你會為朋友的事情奔波勞碌。他們是一群愛玩的人，也鼓勵你和他們一起去玩。因此你的收入會減少。

辰年：辰年的朋友宮在酉宮，有『武殺』同宮。此年你會被朋友、屬下埋怨、憎恨，最後背叛離開，朋友運不佳。

巳年：巳年的朋友宮在戌宮，有『太陽陷落』入宮。此年的朋友運不佳，且與男性朋友有是非糾紛，會被憎恨及出賣。今年你的人緣很壞，處處被人嫌，做人處事要謹慎！

午年：午年的朋友宮在亥宮，為『空宮』有『廉貪』相照。此年的朋友運更為弱運，人緣很差，是非、災禍糾纏不斷，此年最好減少交際應酬。並且在發生是非、災禍時保持冷靜，不要再反覆報復，落入事件輪迴不停的境況，讓自己受災更嚴重。

未年：未年的朋友宮在子宮，有『天機居旺』入宮。此年的朋友運變好了。天機是兄弟手足之星，你比較能得到類似兄弟姐妹般感情的朋友。而且你常常是在某一個事件發生時，才會結交到這種好朋友。

申年：申年的朋友宮在丑宮，有『紫破』入宮，此年你會花費很多錢去投資結交比你層次高一些的上等人朋友。也許這些朋友是比較有錢或地位較高的人，但種類複雜，而你是一概來者不拒的姿態。結果是你在交友時浪費了很多時間和金錢，而這些人總是和你有些距離又不真心，也不會幫助你。你只是自以為朋友多、朋友高尚，心裡很爽快而已。

酉年：酉年的朋友宮在寅宮，是『空宮』有『同梁』相照。此年的朋友運不旺，但與朋友相處和樂。在某些時候也能得到比你年長一點的朋友的照顧。

戌年：戌年的朋友宮在卯宮，有『天府』入宮。此年你的朋友運不錯。雖然今年在其他方面上感覺不順，但會得到有財力的朋友的資助，安然度過難關。

亥年：亥年的朋友宮在辰宮，有『太陰陷落』入宮。此年你的朋友運不佳，尤其是女性朋友、部屬和你有糾紛。因此你千萬不要發展桃花運，否則官非、災禍不斷。你和朋友之間，也會有冷淡、較疏離的感覺。

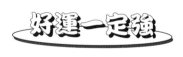

『紫微在寅』命盤格式

子年：『紫微在寅』命盤格式的人，子年的朋友宮在巳宮。有『巨門』入宮，此年你常遇到心術不正，而狡滑陰險，說話不實在的朋友和部屬。你必須好好檢討自己交友的方式和交友的環境，否則這類的朋友會給你帶來災禍。

丑年：丑年的朋友宮在午宮，有『廉相』入宮。此年你所擁有的朋友是性格保守、穩重，只會做自己份內的事，其他的事不愛管的狀況。因此你要得到他們的額外幫助比較不可能。

3.紫微在寅

巨門(旺) 吉 巳	廉貞(平) 天相(廟) 午	天梁(旺) 未	七殺(廟) 申
貪狼(廟) 吉 辰			天同(平) 吉 酉
太陰(陷) 卯			武曲(廟) 戌
紫微(旺) 天府(廟) 吉 寅	天機(陷) 吉 丑	破軍(廟) 子	太陽(陷) 亥

寅年：寅年的朋友宮在未宮，有『天梁居旺』入宮，今年你的運氣是極旺一級棒的狀態。又有熱心忠誠的朋友來相助。若是年長、地位高的朋友會對你幫助更多。此年你也會加入一些團體，或組成一

個小規模的好友團來助旺自己的朋友運。

卯年：卯年的朋友宮在申宮，有『七殺』入宮。此年的朋友運逢到煞星了，你和女性朋友處不好，而且在財運上會遇到一些困難，因此某些原本與你友好的朋友，在此時會露出本相，有剛強相欺的情形，你要多忍耐可度過難關。

辰年：辰年的朋友宮在酉宮，有『天同』入宮，此年你在本身的運程上遇到暴發運格，因此會有無限好運。你會發現朋友都對你很溫和友好，想沾一點你的好運。朋友的數量增多了，但是你很清楚的知道這只是一個表相而已。

巳年：巳年的朋友宮在戌宮，有『武曲』入宮。此年你的朋友全是在金錢上往來較多的朋友，他們是富裕的，並能給你帶來財運的人。但是他們性格剛直，除了生意以外，你們的私誼並不是那麼好。

午年：午年的朋友宮在亥宮，有『太陽陷落』入宮。今年你本身的性格會呈現保守的型態，所交的朋友中，你會發現男性朋友比較難相處，並且會產生是非麻煩的問題。

未年：未年的朋友宮在子宮，有『破軍』入宮。此年你在性格上會寬宏大肚、愛結交朋友，也喜歡照顧人，因此結交了三教九流的朋友，花費在朋友身上的錢財或交際費、金額龐大，但並不見得能有多少收獲。

申年：申年的朋友宮在丑宮，有『天機陷落』入宮。此年是你很愛打拼、力爭上游，很希望有朋友能相助事業的一年。但是卻發現朋友運很差，不但不幫忙，還引來是非、捲款潛逃等惡事。朋友中多小聰明，愛搞怪之人。因此你與朋友、部屬相處間會產生懷疑、不融洽的局面。

酉年：酉年的朋友宮在寅宮，有『紫府』入宮。經過前一年『人災』的災變，你總算認清楚了那些是好人，那些是壞朋友。也找到了和朋友的相處之道。因此這一年你會得到品格端正，助你生財的好朋友與部屬。

戌年：戌年的朋友宮在卯宮，有『太陰居陷』入宮。此年要小心女性朋友和財務問題。今年雖也是你擁有暴發運的一年，但在這個暴發運的前後，你一定會受一些女人的氣，要小心喲！不要人財兩失喲！

亥年：亥年的朋友宮在辰宮，有『貪狼』入宮。雖然此年的朋友運坐在暴發運上，但是你得不到朋友的支持。很可能會因嫉妒、憎恨而來對你搗蛋。今年你的流年運程在太陽陷落之地，因此你要小心因朋友而起的官非牢獄之災。你和朋友之間也會有冷淡、較疏離的感覺。

『紫微在卯』命盤格式

4.紫微在卯

巳	午	未	申
天相(得) 吉	天梁(廟)	廉貞(平) 七殺(廟)	吉
辰			**酉**
巨門(陷)			吉
卯			**戌**
紫微(旺) 貪狼(平)			天同(平)
寅	**丑**	**子**	**亥**
天機(得) 太陰(旺)	天府(廟) 吉	太陽(陷) 吉	武曲(平) 破軍(平)

子年：『紫微在卯』命盤格式的人，子年的朋友宮在巳宮。有『天相』入宮，此年你的朋友運很好，會有很多態度穩重、通情達理、會

拿捏分寸的朋友來幫助你，使你享受到朋友之義的快樂。

丑年：丑年的朋友宮在午宮，有『天梁居廟』入宮。此年你的朋友運坐在『陽梁昌祿』格的旺地。因此你很可能會因朋友的關係而獲得好工作、升級、考試等主貴的佳運。尤其年長於你的朋友對你的幫助更大。你也很願意照顧後進晚輩。

寅年：寅年的朋友宮在未宮，有『廉殺』入宮。此年你本身的環境裡變化很大，也許會換新環境，因此新到之處會有欺生的現象，朋友運不好，全是些對你不利的人，你必須忍耐或找出與他們相處之道來解決。

卯年：卯年的朋友宮在申宮，為『空宮』有『機陰』相照。此年的朋友運亦是弱運，而且時有變化。此年你無法交到好朋友，就連以前的朋友也很少聯絡，此時最好修心養性，不要去招惹桃花運，否則會破耗。

辰年：辰年的朋友宮在酉宮，為『空宮』有『紫貪』相照。此年你在性格上喜歡玩耍，又喜歡東惹西惹的去招惹人。桃花運很多、是非也不少。在爭執中你不見得能勝過別人，因此是非爭吵不斷，沒辦法找到志同道合的朋友。

巳年：巳年的朋友宮在戌宮，有『天同』入宮。此年你的朋友運好一些，終於找到溫和性格，又愛現的朋友了。因此在生活享受上和精神愉快方面，都是相得益彰的狀況。

午年：午年的朋友宮在亥宮，有『武破』入宮。今年你的流年本運是天梁運。喜歡交朋友，也喜歡搞小團體、小圈圈。因此你所交的朋友全是陰奉陽違、暗中佔你便宜、吞噬你的錢財的人，但並不一定會真正幫助或服從你的領導。你會浪費很多錢財在這些人身上。也必須花費很大的代價才能做成功一件事情。

未年：未年的朋友宮在子宮，有『太陽陷落』入宮，此年的朋友運狀況不好。與男性朋友有溝通上的困難。也容易造成是非、紛爭或因這些紛爭而引起官非、傷災。

申年：申年的朋友宮在丑宮，有『天府』入宮。此年你的朋友運進入佳境，人際關係特別圓融，並能得到許多朋友和部屬來為你相助財運。並獲得眾人的擁護、愛戴。

酉年：酉年的朋友宮在寅宮，有『機陰』入宮。此年你的朋友運有起伏不穩定的狀況。但在生意上往來的朋友或是女性的朋友，會跟你比較密切相合。男性朋友和事件發生時所遇到的朋友，會有變化多端不能把握的困難。

戌年：戌年的朋友宮在卯宮，有『紫貪』入宮。此年你非常想高攀進入上一等層次的交友環境中，因此喜歡巴結權貴或有錢人。但這些人對你不熟悉，也不認同，因此徒勞無功，無法找到身份地位高的朋友，當然更得不到他們的幫助。

亥年：亥年的朋友宮在辰宮，有『巨門居陷』入宮。此年因朋友引起的是非很多，而且會交到心術不正、陰險狡詐的朋友，要小心上當。

『紫微在辰』命盤格式

子年：『紫微在辰』命盤格式的人，子年的朋友宮在巳宮。有『天梁陷落』入宮。此年沒有貴人運和朋友運。朋友雖然溫和，但在思想上不能溝通，在相處上也有一段距離感，讓你很困擾。

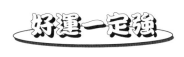

5.紫微在辰

天梁(陷) 巳	七殺(旺) 吉 午	吉 未	廉貞(廟) 申
紫微(得) 天相(得) 辰			酉
天機(旺) 巨門(廟) 吉 卯			破軍(旺) 戌
貪狼(平) 寅	太陽(陷) 太陰(廟) 丑	武曲(旺) 天府(廟) 子	天同(廟) 吉 亥

丑年：丑年的朋友宮在午宮，有『七殺』入宮。此年的朋友運不佳，有凶悍不講理的朋友出現。並要小心他們會盜用侵佔你的錢財，使你招災。此年你要特別注意性格強悍的朋友，與他們保持距離以免招災。

寅年：寅年的朋友宮在未宮，為『空宮』有『日月』相照。此年你的朋友運為弱運。朋友與你的關係很不穩定，尤其是男性朋友在溝通上會有困難。

卯年：卯年的朋友宮在申宮，有『廉貞居廟』入宮。你的朋友全是很會計劃、有智謀的人。你從他們的身上可學習很多做事的技巧。你也會發展出一套攏絡人心的手法，去結交拉攏人心，因此你可以得到有力的朋友和部屬之助，來幫助你。

辰年：辰年的朋友宮在酉宮，為『空宮』有『機巨』相照。此年你所遇到的朋友都是聰明才智高的人。但是他們私下裡很是非，而且對你有表面說一套、暗地裡做一套的手段。陽奉陰違的現象很嚴重。

巳年：巳年的朋友宮在戌宮，有『破軍』入宮。此年你很喜歡交朋友，但朋友的種類多、層次不齊，而且讓你破財，也無法得到真心的回報。你得花很大的代價去擁有這些並不太真誠的朋友與屬下。

午年：午年的朋友宮在亥宮，有『天同居旺』入宮。此年你的朋友運一級棒，不但能擁有隨和、穩重、不計較的朋友，並且這類型的好人很多，會自動伸出援手來幫助你的事業，或好心的照顧你。

未年：未年的朋友宮在子宮，有『武府』入宮。此年你的朋友運極佳。你會擁有財力雄厚的朋友或是才能超絕的部屬幫助你在事業與金錢上大有斬獲。他們是性格剛直、注重言諾，對金錢看重，並且會錙銖必較的人，你必須要提升自己的信用和會計能力才能足以應付。

申年：申年的朋友宮在丑宮，有『日月』入宮。此年你的朋友運有陰晴不定的現象。你可能會和他們一會兒親密、一會兒鬧氣。而男性的朋友會產生和你溝通不良的狀況。女性朋友會比較和你相合。

酉年：酉年的朋友宮在寅宮，有『貪狼』入宮。此年的朋友運不佳。會有嫉　你而出賣你的朋友出現。其他的朋友也暗中和你計較，心懷憎恨，此年要小心！

戌年：戌年的朋友宮在卯宮，有『機巨』入宮。此年中，你的朋友多半是聰明喜歡搞怪，也喜歡惹是非的人。他們會在很多事情上出現『說一套，做一套』的本領，也會暗中算計你，你必須處處小心才是！

亥年：亥年的朋友宮在辰宮，有『紫相』入宮。此年的朋友運就極佳了。經過前一年被整　枉，這一年你就比較會看人了。因此結交的都是地位高尚、性格穩重、做事負責有擔當的人。因此會有許多正派人士給你幫助，成為你的朋友和部屬。

『紫微在巳』命盤格式

6.紫微在巳

紫微(旺) 七殺(平) 巳	吉 午	吉 未	申
天機(平) 天梁(廟) 辰			廉貞(平) 破軍(陷) 酉
天相(陷) 卯			吉 戌
太陽(旺) 巨門(廟) 寅	武曲(廟) 貪狼(廟) 丑	天同(旺) 太陰(廟) 子	天府(得) 亥

子年：『紫微在巳』命盤格式的人，子年的朋友宮在巳宮。有『紫殺』入宮。此年你所結交的朋友都是地位高，有某些成就的人。但是

他們對待你的態度並不好，很冷淡，也與你保持某種距離，對你不會幫助，只會訓誡。並不能達成你對朋友的期待。

丑年：丑年的朋友宮在午宮，為『空宮』有『同陰』相照。此年的朋友運為弱運。朋友和你的關係很溫和，但無力，沒法子在實際的情況裡對你提出幫助。女性的朋友也許會對你做一些精神上的鼓勵。

寅年：寅年的朋友宮在未宮，為『空宮』有『武貪』相照。此年的朋友運不太好，所遇到的朋友都是剛直強悍，說話不留餘地的人，因此很難找到一個知心者。

卯年：卯年的朋友宮在申宮，為『空宮』有『陽巨』相照。此年的朋友運不強，會有些行為懶散，而且是非較多的朋友出現。你要小心口舌是非的問題。

辰年：辰年的朋友宮在酉宮，有『廉破』入宮。今年的朋友運極差，可能會因行為惡劣的朋友拖累，而有破財或血光之災。有廉破在朋友宮的人，尤其要注意被綁架勒贖的事件發生。

巳年：巳年的朋友宮在戌宮，為『空宮』有『機梁』相照。此年的朋友運不強，朋友中都是聰明、智慧高的人。但是他們對你沒有助益。對你幫不上忙。若有『羊、陀、火、鈴』進入朋友宮時，朋友都是奸險狡詐之輩，而且凶悍無比，需要小心。

午年：午年的朋友宮在亥宮，有『天府』入宮。此年的朋友運極佳，將會有很多的好朋友來幫助你，並給你帶來財富。

未年：未年的朋友宮在子宮，有『同陰』入宮。此年的朋友運極佳，有溫和、謙恭有禮的朋友來與你交好。尤其女人對你的幫助最為實際，這是一個好運年。

申年：申年的朋友宮在丑宮，有『武貪』入宮。此年朋友運不佳，朋友運正坐在『武貪格』上，在流月逢到時，當月雖有『偏財運』，但是也會遇到剛強、嫉心重，而想破壞你的朋友，需要小心。

酉年：酉年的朋友宮在寅宮，有『陽巨』入宮。此年你很愛交朋友，因此朋友眾多，他們大都是些愛說話、愛嬉鬧的朋友，看起來很開朗，但是你也常為他們之中相互產生的攻擊、謠言、彼此不和諧和相互破壞而煩惱。是非真的很多。

戌年：戌年的朋友宮在卯宮，有『天相陷落』入宮。此年的朋友運不佳，你會為朋友的事情忙碌，但是他們都是表面溫和又自私的人，因此相處情況不佳。

亥年：亥年的朋友宮在辰宮，有『機梁』入宮。此年你會結交到智慧高、私心很重、愛亂講話的朋友，你總是搞不過他們，只有在自己運勢很強的時候，才可能得到他們的幫助。因此莊敬自強便是你此時最該做的事。

『紫微在午』命盤格式

7.紫微在午

天機(平) 吉 巳	紫微(廟) 吉 午	未	破軍(得) 申
七殺(廟) 辰			吉 酉
太陽(廟) 天梁(廟) 卯			廉貞(平) 天府(廟) 吉 戌
武曲(得) 天相(廟) 寅	天同(陷) 巨門(陷) 吉 丑	貪狼(旺) 子	太陰(廟) 亥

子年：『紫微在午』命盤格式的人，子年的朋友宮在巳宮。有『天機居平』入宮。此年的朋友運不佳，常會受到朋友莫名其妙的埋怨或

背叛。你需要冷靜的修心養德，等待這個運程過去後，那些從前背叛你的朋友會重新回到你的身邊。

丑年：丑年的朋友宮在午宮，有『紫微』入宮。此年的朋友運大好，前一年誤會你的朋友們都回頭來向你示好。你在今年又多交了地位高、性情穩重、對你的生活和事業上都極有幫助之人。此年雖然你本身的運氣並不好，但會出現能談心、能幫助你的朋友，帶引你進入佳境。

寅年：寅年的朋友宮在未宮，為『空宮』有『同巨』相照。此年的朋友運為弱運。朋友中會出現一些是溫和愛玩的朋友。一些是愛惹是非、喜歡口舌爭辯的朋友，但他們都不會對你形成太大的傷害，只是讓你忙一點而已。

卯年：卯年的朋友宮在申宮，有『破軍』入宮。此年的朋友多而複雜，你也比較會聽信一些朋友的話而亂花錢，這是必須注意的事。最好還是把朋友歸類，謹慎一點！

辰年：辰年的朋友宮在酉宮，為『空宮』有『陽梁』相照。此年的朋友運不強，朋友眾多，但沒有可談心與真誠相待之人。更別談有人會幫助你了。

巳年：巳年的朋友宮在戌宮，有『廉府』入宮。此年你很樂於經營人際關係，因此交際應酬變多。不過今年的人緣真的很好。雖然今年的流年本運很差，但會得到朋友的援手，使你在心情、壓力與經濟上得到舒緩。

午年：午年的朋友宮在亥宮，有『太陰居廟』入宮。此年你的流年本運和朋友運都是一極棒的狀況。朋友對你很親密，且帶來極豐厚的財運給你。尤其是女性朋友對你的助益很大，此年千萬別忽略了你的『女性貴人』呦！

未年：未年的朋友宮在子宮，有『貪狼』入宮。此年的朋友運不佳。因為去年你太一帆風順了，今年就遭人嫉妒，和你發生爭執，或暗中做一些事連累你遭殃。

申年：申年的朋友宮在丑宮，有『同巨』入宮。此年承續去年的朋友問題，要繼續解決，不過還好的是：雖然是非口舌多一些，麻煩一點，但都可慢慢解決了。

酉年：酉年的朋友宮在寅宮，有『武相』入宮。此年朋友運轉好，變得不錯了，接近你的朋友雖然性格剛直點兒，但是他們都是說真話，真心對你好的人。也會真心的來幫助你，使你一帆風順。

戌年：戌年的朋友宮在卯宮，有『陽梁』入宮。此年的朋友運真是太好了！都是一些有上進心、又喜歡幫助別人的人。此年的『貴人運』也極佳。會帶領你進入一個高層次的人生境界。年紀大於你的人對你的幫助尤其大。

亥年：亥年的朋友宮在辰宮，有『七殺』入宮。此年你必須小心在自己周圍會出現個性強烈剛暴的人，而且要注意朋友和部屬間有盜用你的財產或捲款潛逃之人。此年的朋友運不佳。

『紫微在未』命盤格式

子年：『紫微在未』命盤格式的人，子年的朋友宮在巳宮，為『空宮』有『廉貪』相照。此年的朋友運極差，會出現品德不佳的朋友，會盜用你的財富，或對你做出不義的事情。此年中你與外界的人緣關係也陷至谷底，對人疑神疑鬼，很煩惱。

8.紫微在未

吉 巳	天機(廟) 午	紫微(廟) 破軍(旺) 未	吉 申
太陽(旺) 吉 辰			天府(旺) 吉 酉
武曲(平) 七殺(旺) 卯			太陰(旺) 戌
天同(平) 天梁(廟) 寅	天相(廟) 吉 丑	巨門(旺) 子	廉貞(陷) 貪狼(陷) 吉 亥

丑年：丑年的朋友宮在午宮，有『天機居廟』入宮。此年的朋友運進入佳境，會出現如手足兄弟般感情的朋友。親密的關係讓你很快樂，他會在一些事務發生轉變時機的時候，出手幫助你。

寅年：寅年的朋友宮在未宮，有『紫破』入宮。此年你很愛四處交流，到處交朋友，而且喜歡結交權貴，拉關係。但是你投資在人際關係上的花費太大，和你所得到的收穫不成正比。

卯年：卯年的朋友宮在申宮，為『空宮』有『同梁』相照。此年的朋友運是弱運。以前所交的朋友好像沒什麼人留在身邊，心情會有些落寞。但是你還是會努力看看能不能交到好朋友。

辰年：辰年的朋友宮在酉宮，有『天府』入宮。此年的朋友運不錯了！你會找到知心的好朋友，讓你在心情上得到紓解。他們也會對你的生活與事業提出很多的幫助。

巳年：巳年的朋友宮在戌宮，有『太陰居旺』入宮。此年的朋友運不錯，你會有助你生財的朋友，並帶領你進入積財儲蓄的領域。此年女性朋友更會為你帶來極大的利益。她們都是非常好的『女貴人』。

午年：午年的朋友宮在亥宮，有『廉貪入宮』。此年你的朋友運又進入惡劣的低潮期，會有行為不端的朋友出現，讓你遭災受連累。你的人際關係也陷入不可收拾的局面。因此你必須修心養性以等待這段太衰的朋友運過去。

未年：未年的朋友宮在子宮，有『巨門居旺』入宮。此年的朋友運仍是是非不斷、問題重重的時刻。但是你可以運用口才去解釋，會發揮功效。但是還是會遇到心術不正又狡猾的人，要小心！

申年：申年的朋友宮在丑宮，有『天相』入宮。經過前兩年的『人災』，你比較會認清楚交友的規則性。因此今年會有很好的人緣，也會有較好的朋友運。正派的朋友會出現，而且相處和樂。

酉年：酉年的朋友宮在寅宮，有『同梁』入宮。此年你會得到朋友和部

『紫微在申』命盤格式

9.紫微在申

太陽(旺) 巳	破軍(廟) 午	天機(陷) 未	紫微(旺) 天府(得) 吉 申
武曲(廟) 吉 辰			太陰(旺) 酉
天同(平) 吉 卯			貪狼(廟) 吉 戌
七殺(廟) 寅	天梁(旺) 丑	廉貞(平) 天相(廟) 吉 子	巨門(旺) 吉 亥

子年：『紫微在申』命盤格式的人，子年的朋友宮在巳宮，有『太陽』入宮。此年你的朋友運非常好。有性格爽朗、坦白、正直的朋

友，他們熱力四射，帶給你良好的人際關係，並引導你進入更高層次的生活與事業的境界。真是太好運了。尤其是男性的朋友更能為你製造好運機會。

丑年：丑年的朋友宮在午宮，有『破軍』入宮。此年你的朋友結交的多而複雜。某些人會帶給你一些利益，某些人則否。而且你在為朋友的事件中花費頗大。

寅年：寅年的朋友宮在未宮，有『天機陷落』入宮。此年你的朋友運不佳。出現的朋友多半是小人，對你沒有助益，而且會有扯後腿的人出現，你必須自己小心！更有不能和你融洽相處的朋友出現，惹你心情低落。

卯年：卯年的朋友宮在申宮，有『紫府』入宮。此年的朋友運大好，有身份地位高、財力雄厚，又肯對你援手幫助的朋友出現。不論在朋友或部屬中都會有能幹的相助者為你奮力以赴，今年真是大好的朋友運了。

辰年：辰年的朋友宮在酉宮，有『太陰居旺』入宮。今年你在流年運上有『武貪格』偏財運會發財。在人緣關係上也柔和運旺，會有很多好朋友、好部屬圍著你，讓你生活、事業都很順利愉快。女性的朋友和部屬尤其有助益。

巳年：巳年的朋友宮在戌宮，有『貪狼』入宮。此年你也許因為前幾年一直都很一帆風順而太大意了！而沒有注意到朋友或部屬間的一些變化。此年會有很多不同意見的朋友、部屬和你發生爭執，而且你會遭到背叛或受到連累等災禍。要小心！

午年：午年的朋友宮在亥宮，有『巨門居旺』入宮。此年你要小心一些口是心非、心地狡猾的朋友，並且要利用你良好的口才能力將之擋駕或擊退。此年的是非會很多。但不可退怯、躲避。一定要面對它、解決它，你的日子才會好過。

未年：未年的朋友宮在子宮，有『廉相』入宮。此年你的朋友運不算太好。他們都是膽小、保守的人，不見得會給你實際的幫助。此年你的流年年運不佳，正走『天機陷落』運。但也必須忍耐。要知道人都是錦上添花的動物，也只有在你運途大好時，才會來幫你！

申年：申年的朋友宮在丑宮，有『天梁居旺』入宮。此年你的朋友運極好。此年也是『貴人運』當值之年，會有許多長輩型的貴人給你幫助。此年也是『陽梁昌祿』格的好運年，考試、升官、增名聲都會有貴人相助得利。

酉年：酉年的朋友宮在寅宮，有『七殺』入宮。此年的朋友運不佳。會有剛強欺主的朋友出現。也要小心周圍會盜取你的財物的朋友。

戌年：戌年的朋友宮在卯宮，有『天同』入宮。此年你的朋友運不錯，全是溫和愛玩的朋友，你也會為朋友的事務忙不停。

亥年：亥年的朋友宮在辰宮，有『武曲』入宮。此年你的朋友運極佳。他們多半是性格剛直對你有益的朋友。也可能是在工作上、生意上來往較多的朋友，會帶給你很多的財利。

『紫微在酉』命盤格式

子年：『紫微在酉』命盤格式的人，子年的朋友宮在巳宮，有『武破』入宮。此年的朋友運極差。朋友全都很窮，而且是些要你以利益交換才會和你友好的人。而且他們對你也並不真心。你常要以龐

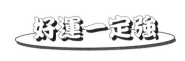

大的花費才能維持和這些人的人際關係。

10.紫微在酉

武曲(平) 破軍(平) 巳	太陽(旺) 吉 午	天府(廟) 吉 未	天機(得) 太陰(平) 申
天同(平) 辰			紫微(旺) 貪狼(平) 酉
卯			巨門(陷) 戌
吉 寅	廉貞(平) 七殺(廟) 吉 丑	天梁(廟) 子	天相(得) 吉 亥

丑年：丑年的朋友宮在午宮，有『太陽居旺』入宮。此年你的朋友運極佳。他們全是些性格開朗、有容人之量，也會推薦你有好職位、

好機會的人。此年你的朋友運正坐在『陽梁昌祿』格的旺運上，你的朋友會給你帶來無數的好機會。尤其是男性朋友對你的幫助特別大。

寅年：寅年的朋友宮在未宮，有『天府』入宮。此年你的朋友運極佳。會擁有很多好朋友、好部屬來幫助你工作，帶給你財利。

卯年：卯年的朋友宮在申宮，有『機陰』入宮。此年你的朋友運常有變化。朋友對待你的態度常忽冷忽熱，是非口舌也多一些。尤其女性的朋友常對你有怨言，麻煩尤其多。

辰年：辰年的朋友宮在酉宮，有『紫貪』入宮。此年你的朋友運不怎麼好？但是你很愛交際應酬、巴結上司或有權勢的人、廣結人緣。你會因為一些桃花運的問題而讓你被陷入一種背叛、嫉妒、出賣的境地，惹出一些是非。

巳年：巳年的朋友宮在戌宮，有『巨門陷落』入宮。此年朋友運不佳，是非災禍多。朋友又多是心術不正、奸詐狡猾的人，讓你的困難更增多。

午年：午年的朋友宮在亥宮，有『天相』入宮。此年朋友運較佳。經過前一年的打擊，你終於認清楚正人君子的相貌。此年所交往的朋友都是較正派、忠厚老實、勤奮的人，因此能平安順利的過日子了。

未年：未年的朋友宮在子宮，有『天梁』入宮。此年是有『貴人運』的旺運年份。因此朋友運極佳。又有『陽梁昌祿』格的影響。所結交的朋友層次會較高，文化水準較好。年紀稍長的朋友是真正對你有助益的人。

申年：申年的朋友宮在丑宮，有『廉殺』入宮。此年你的朋友運不佳。

朋友中較多是性格怪異、剛強、比較難相處的人。他們有自己特別的思路，很難讓你瞭解他們。他們也常背叛你，又再回來，情況堪憂。

酉年：酉年的朋友宮在寅宮，為『空宮』有『機陰』相照。此年的朋友運為弱運。你和朋友的關係常有變化。有時候朋友雖多，但不得力，也沒有可談心的對象。尤其是女性朋友更不好相處，讓你嘆息！

戌年：戌年的朋友宮在卯宮，為『空宮』，有『紫貪』相照。此年的朋友運亦不佳。會因桃花運的關係讓你和朋友之間產生誤會而遭背叛、出賣，受連累的狀況。

亥年：亥年的朋友宮在辰宮，有『天同居平』入宮。此年你的朋友運尚可。朋友們多是溫和愛玩的人。你也會為朋友奔走忙碌，沒法子休息。

『紫微在戌』命盤格式

11.紫微在戌

天同(廟) 吉 巳	武曲(旺) 天府(旺) 午	太陽(得) 太陰(陷) 未	貪狼(平) 申
破軍(旺) 辰			天機(旺) 巨門(廟) 吉 酉
卯			紫微(得) 天相(得) 戌
廉貞(廟) 寅	吉 丑	七殺(旺) 吉 子	天梁(陷) 亥

子年：『紫微在戌』命盤格式的人，子年的朋友宮在巳宮，有『天同』入宮。此年你的朋友運極佳。你會有許多世故老練、做事圓融的

好朋友與部屬來幫助你，使你的生活與事業得到上好的發展。

丑年：丑年的朋友宮在午宮，有『武府』入宮，此年的朋友運大好。你會有許多剛直、有正義感、重言諾，對你真正有利的朋友來協助你。他們會帶給你極大的財利。你可以利用此年開拓事業、收穫會很大。

寅年：寅年的朋友宮在未宮，有『日月』入宮。此年你的朋友運時有變化，陰晴不定。尤其和女性朋友的關係不和諧。男性朋友較會幫你的忙。

卯年：卯年的朋友宮在申宮，有『貪狼』入宮。此年你的朋友運不佳。有嫉妒你、背叛你、連累你，使你遭災的朋友出現，你要小心！

辰年：辰年的朋友宮在酉宮，有『機巨』入宮。此年你的朋友運尚可。但是你的朋友都是表面和你友好，但私底下對你有怨隙之人。你的屬下也是陽奉陰違之人。因此你要隨時注意他們背後的搞怪行動！

巳年：巳年的朋友宮在戌宮，有『紫相』入宮，此年的朋友運大好。此年你所結交的朋友都是地位高、本份的、道德標準較好的朋友。你會得到他們很多的幫助。

午年：午年的朋友宮在亥宮，有『天梁陷落』入宮。此年的朋友運不佳，你會有許多朋友，但他們對你的態度冷淡，也不會對你伸出援手來幫助你。

未年：未年的朋友宮在子宮，有『七殺』入宮。此年的朋友運不佳。會有剛強凶暴的朋友出現。也要小心有人會盜竊你的錢財，背叛你，使你遭災。

申年：申年的朋友宮在丑宮，為『空宮』有『日月』相照。你的朋友運為弱運。朋友和你的關係時好時壞，是非、麻煩很多。尤其女性朋友會成為你的煩惱。男性朋友還可以體諒你。

酉年：酉年的朋友宮在寅宮，有『廉貞』入宮。你的朋友運極佳。朋友都是企劃能手，有很高的思考能力，因此在你的事業上、生活上都能提出最佳的建議。

戌年：戌年的朋友宮在卯宮，為『空宮』有『機巨』相照。你的朋友會和你保持一點距離，表面祥和、骨子裡鬥爭的厲害。你的部屬也對你陽奉陰違。讓你心情常抑鬱擔心。

亥年：亥年的朋友宮在辰宮，有『破軍』入宮。你的朋友很多，三教九流都有。有些有用、有些沒用，對你的助益很難估計。你會為這些朋友花費很大的交際費才能維持彼此的關係，有點有苦說不出。

『紫微在亥』命盤格式

12.紫微在亥

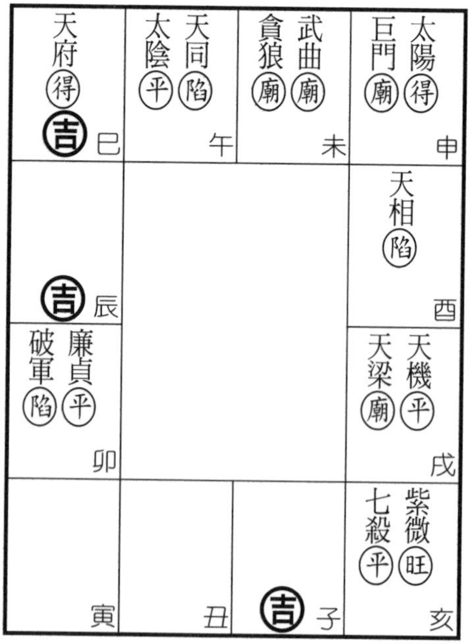

子年：『紫微在亥』命盤格式的人，子年的朋友宮在巳宮，有『天府』入宮。此年你的朋友運極佳。有許多的好朋友和好部屬會同來幫助你成就事業，並帶給你極大的財利。

丑年：丑年的朋友宮在午宮，有『同陰』入宮。此年的朋友運是吉凶參半的狀況。朋友們都是陰柔溫和的好人，但不得力，對你所託付的事情幫不上忙。女性朋友還隨時與你有不愉快的事情發生。因此吉少凶多。

寅年：寅年的朋友宮在未宮，有『武貪』入宮，此年你的朋友運不佳，會出現性格剛強、怪異、有反叛行為的朋友，你也要小心他們會出賣你，陷害你，使你遭災。

卯年：卯年的朋友宮在申宮，有『陽巨』入宮，此年你的朋友運不是太好。朋友是很多，但朋友之間是非多，而且相互攻擊、說彼此的壞話，帶給你很多煩惱。也可能會影響到你。

辰年：辰年的朋友宮在酉宮，有『天相』入宮。此年你的朋友運較好。

會有老好人的朋友出現，他們很正派、又很正直，會任勞任怨的幫助你。

巳年：巳年的朋友宮在戌宮，有『機梁』入宮。此年你會有極端聰明的朋友，但是他們的私心也很重，除非看到你有很好的運氣，否則不會出手幫助你。此刻你必須比他們聰明，而且運用智謀會交到專業領域裡程度高的朋友。

午年：午年的朋友宮在亥宮，有『紫殺』入宮。此年你會遇到地位很高，性格高傲的朋友。表面上他對你很好很客氣。實際上是嚴肅很兇的。他根本不會幫助你。你的屬下對你也是同樣有冷淡嚴肅的架勢。

未年：未年的朋友宮在子宮，為『空宮』有『同陰』相照。此年的朋友運不佳。朋友多而不得力，全是言不及義或愛玩的朋友。女性朋友與你不和，會惹是非麻煩。

申年：申年的朋友宮在丑宮，為『空宮』有『武貪』相照。此年你的朋友運不佳。會有嫉妒、背叛、怪異、剛暴的朋友，使你遭災。

酉年：酉年的朋友宮在寅宮，為『空宮』有『陽巨』相照。此年你的朋友運為弱運。朋友中是非多，而且相互攻擊，散撥謠言，使你煩惱。

戌年：戌年的朋友宮在卯宮，有『廉破』入宮。此年你的朋友運極差，有行為惡劣，用詐騙或恐嚇的方法向你取財的朋友。此年要小心被綁架勒贖的事件發生在你身上，而且犯案的人正是你的朋友。

亥年：亥年的朋友宮在辰宮，為『空宮』有『機梁』相照。此年你的朋友運為弱運。你會有一些智慧高、聰明的朋友，但是他們對你並不真心，常常要弄一些技巧，讓你難堪，你要小心他們，並保持距離才不會遭災。

對你有影響的

權、祿、科

法雲居士⊙著

在每一人的生命歷程中，都會有能掌握一些事情的力量，對某些事情能圓融處理的力量。又有某些事情是使你頭痛，或阻礙你、磕絆你的痛腳。這些問題全來自出生年份所形成的**化權、化祿、化科、化忌**的四化的影響。『權、祿、科』是對人有利的，能促進人生進步、和諧、是能創造富貴的格局。『權、祿、科』的配置好壞就是能決定人生加分、減分的重要關鍵所在。

星曜特質系列書包括：

『羊陀火鈴』、『十干化忌』、『殺、破、狼』上下冊、『權、祿、科』、『天空地劫』、『昌曲左右』、『紫、廉、武』、『府相同梁』上下冊、『日月機巨』、『身宮和命主、身主』。此套書是法雲居士對學習紫微斗數者常忽略或弄不清星曜特質，常對自己的命格有過高的期望或過於看輕的解釋，這兩種現象都是不好的算命方式。因此以這套書來提供大家參考與印證。

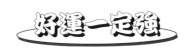

第五章　如何讓『婚姻運』、『戀愛運』一定強

通常我們看一個人的婚姻運，首先看其人夫妻宮的好壞來做定奪。夫妻宮同時又是人類感情深層的理念、喜好。例如夫妻宮有『七殺星』的人，是做事乾脆、愛恨分明、喜歡爽朗直接、有魄力、有擔當、有大丈夫氣慨的人，來做他的配偶或情人的。他絕不會挑選到扭扭捏捏、陰陰柔柔、陰晴不定、懦弱怕事的人來做他的情人和配偶。因此當我們看到一個人的另一半配偶時，從配偶的外形、氣質、性格上就會很

明確的瞭解此人的真正個性是什麼？內心的慾望是什麼？以及夫妻間的感情如何？婚姻運好不好了。

倘若是未婚的人，我們從其面相上斷定其命格，或是由命盤中的夫妻宮來看其『配偶運』、『婚姻運』，更是十分準確的。並且我們也可由『夫妻宮』瞭解到此人在夫妻間、男女關係上相處的問題。

綜合起來說：你的婚姻運的好壞，實際上就是存在於你內心深處的一種情感模式和價值觀的好壞問題。

不論你的婚姻是他人介紹，或是被迫結婚，你的配偶的形相早已決定在你內心深處，受制於你內心底層的感情模式和感情價值觀之中了。所以你要改善婚姻運，首先要改善自己的想法，改善自己的情感模式，改善自己情感上的價值觀，才可能會成功。

此章所談的『婚姻運』應該分為兩方面來談：一是未婚者的『婚姻運』。二是已婚者的『婚姻運』。

第一節 『戀愛運』、『婚姻運』一定強

未婚者的『婚姻運』裡喜歡『桃花運』來助運。已婚者的『婚姻運』裡則忌諱『桃花運』太多，否則會有第三者介入，婚姻有不美滿之虞。

在『婚姻運』裡最主要的問題就是『桃花運』的問題。『桃花運』則是因桃花星在命盤中所分佈的宮位，而有善惡不同的區別。（此處的善惡是指對人生運程的利弊而言）在命理中通常都以對宮相照、相沖的力量較大，其次是三合宮位的相互拱照，例如『命、財、官』等宮位就是在三合宮位的角度上。而這個『命、財、官』三合局是看人生成就的格局。我們若要看『婚姻運』則要以『夫、遷、福』（夫妻宮、遷移宮、福德宮）這個三合宮位為最主要的運程格局。

我們常會在一些年紀已大而結不成婚的人的命盤中發現，在他們的人生格局中的夫妻宮、遷移宮、福德宮中會發現以下的現象：一、夫妻宮為『空宮』。二、桃花星太少，或根本沒有桃花星。**三、桃花星與空劫、刑耗之星同宮，**被吃掉了！或被刑剋得很嚴重。因此結婚的機會被剝奪了。

事實上，不婚的原因很多，有本身性格上的問題，有家族遺傳疾病的問題。也有後天形成思想教育上的問題。

在本身性格的問題上，我們要看『命、財、官』三宮位的吉凶。是否有煞星擋道？這也會直接影響到我們的事業與手邊擁有的財富的。在家庭遺傳疾病方面，我們要看『兄、疾、田』三宮位（包括兄弟宮、疾厄宮、田宅宮）。從這三個宮位裡我們可以看到兄弟少、不孕症、遺傳性精神病、顛癇症等等影響婚姻的因素。在思想教育或絕嗣問題上，

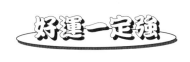

我們可以從『父、子、僕』（父母宮、子女宮、僕役宮）三宮位看出端倪。因此各方有煞星出現時，所代表的意義各有不同。

桃花星的種類

桃花星的種類繁多，有『廉貞星』、『貪狼星』、『天姚星』、『紅鸞星』、『沐浴星』、『咸池星』等等。此外有桃花成份的星曜如『紫微星』、『天梁星』、『太陰星』、『文昌星』、『文曲星』、『左輔星』、『右弼星』、『天鉞星』、『天喜星』、『臨官星』、『化祿星』都具有桃花成份，亦可稱之桃花星。其中『文昌星』必須與『文曲星』在福德宮同宮或相照時，桃花成份才會顯現。若與『文曲』的角度不佳或居陷落時沒有桃花。

（有關於桃花星之內含特質，與對人生的優劣影響，請參看法雲

居士所著『桃花轉運術』一書）

桃花星所帶給人的，不但是婚姻完美與否的影響，同時也是人類對外交通，與外界溝通時的潤滑劑。我們稱之為『人緣桃花』。一切有關於感情的發展，當然首先就必從『人緣桃花』開始的。先有了好印象，才會進入愛情的發展中。

我們現在試從下列三個例子來探討希望結婚，而又結不成婚的情況：

1 『夫、遷、福』煞星太多。桃花星在命盤宮位裡，分佈不均勻的狀況：一位楊先生在軍中服役得很不順利，常和長官衝突，被關禁閉又被記過處分，因此他來找我，希望知道在自己的命程裡是否是一直這麼不順利的？以及自己對自己的前途、婚姻的希望是否可達成。

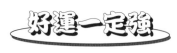

我們先來看楊先生的命盤：

楊先生 命盤

福德宮 天同 鈴星 天刑 天鉞 喜神 臨官 <身宮> 丁巳	田宅宮 武曲 天府 地劫 咸池 小耗 戊午	官祿宮 太陽 太陰化科 沐浴 大耗 己未	僕役宮 貪狼化忌 天馬 天喜 庚申
父母宮 破軍化權 天空 丙辰	水二局	陰男	遷移宮 天機化權 巨門 火星 天姚 白虎 蜚廉 辛酉
命宮 文昌 天魁 乙卯			疾厄宮 紫微 天相 陰煞 壬戌
兄弟宮 廉貞 右弼 紅鸞 甲寅	夫妻宮 擎羊 台輔 乙丑	子女宮 七殺 左輔 祿存 甲子	財帛宮 天梁 文曲 陀羅 癸亥

楊先生非常年輕，今年才26歲。能對自己的前途預先做一個規劃，可見這是一個很有頭腦的人。

楊先生是『文昌坐命』的人，『文昌坐命』通常都精打細算，頭腦很聰明，外表長得不錯，但是很小氣，愛計較，是輜珠必較的。而且『文昌』是時系星，因此他們的耐性也很差，很容易發脾氣。

『文昌坐命』的人，桃花並不強。『文昌』只有在福德宮或與『文曲』同宮時才有桃花，因此『文昌坐命』的人屬於剛直、正派、高傲、沒有耐性的人。

在亥年、子年、丑年三個流年運程的宮位裡，亥宮的『天梁陷落』，有『文曲』為『陀羅』所制。子宮有『七殺、左輔、祿存』，沒有桃花星。『左輔』與『七殺』同宮，助紂為虐。丑宮有『擎羊、台輔』，沒有桃花星。因此在這三個當兵的年份時期中，沒有貴人的幫助，言語遭災（說話難聽、頂撞長官），態度剛硬凶暴、完全失去了『文昌坐命』的人的優雅氣質。所以在這個時期非常不順，也沒有朋友往來可以舒解情緒。據他說：就是和睡上下舖的兄弟都不彼此談話，這是非常令人訝異的事！

在楊先生的『命、財、官』三合處有『陽梁昌』。但是『祿星』不在此格中，而且『天梁星』是居陷的，因此『陽梁昌祿』格不完整了，一切都必須靠自己打拚，所做的事情往往是事倍功半的。而且所獲得的財利也並不好。

楊先生希望在28歲以前結婚，30歲事業有成，生育兩個小孩，娶一房美妻，我們來看看可不可能達成願望？

首先談婚姻的問題『夫、遷、福』

我們可以看到楊先生的夫妻宮是『擎羊、台輔』。對宮有『日月相照、太陰陷落化科、沐浴、大耗』等星。可見楊先生的配偶是個注重外表打扮，陽剛氣較重的人，並且具有陰晴不定的性格、疑心病重、私心也重的人。因此楊先生未來的夫妻關係並不好，因為兩個人都是愛計較，會彼此挑剔對方的人。

楊先生的遷移宮中有『天機、巨門化權、火星、天姚、白虎、蜚廉』等星。因此在其環境裡情況是每日變化多端的，是非多、火爆。有『巨門化權』，說話很直接、專制、蠻橫、事事佔上風。雖有『天姚』，但都被這些強星所掩蓋了。並且有虛華不實際的情況。所以楊先生無論處在任何環境下，是非多是顯而易見的。此種環境只利於做學問或是做研究工作會較好。

楊先生的福德宮中有『天同、鈴星、天刑、天鉞、喜神、臨官』等星。『天同』本是福星。人會比較懶，但有鈴星來沖，因此可激勵其轉為勤勞。再加上對宮相照的陷落的『天梁、陀羅』等星，因此一生是又愛享福，但又勞碌不斷了。其身宮落在福德宮，其人注重自我，並不關心別人的感受。

我們由楊先生『夫、遷、福』三宮中可以發現包括『巨門』暗星在內，共有四個甲級煞星，此外還有『天刑』這顆刑星，『太陰』又是居陷的，故而我們可以預測楊先生的婚姻生活並不是很美滿的。

至於楊先生希望有兩個子女，我們看到他的子女宮中有『七殺、左輔、祿存』等星。『七殺』、『祿存』都主孤，或有身體殘疾、性情剛暴的一子，因此子女運也並不好。

『命、財、官』

在楊先生的金錢運方面，因『命、財、官』三方的『陽梁昌祿』格缺乏『祿星』，『文昌』居平，『天梁』陷落，因此若要考高考、普考，必須經過極大的努力，並且要選用未年，『太陽』在未宮居得地合格之位，才會較有成功的把握。

若是從商，財帛宮中無財星，『文曲』雖能助旺，但為『陀羅』所制。官祿宮中之『太陰化科』居陷，很會做事，但財運不佳。田宅宮雖是『武府』，財星與庫星一同住守，但有『地劫星』、會有外來劫財的問題，好像養了隻小老鼠，咬破了財庫。此命格需長久努力，終其一生，老年時還是會有財富可積蓄而成的。

對楊先生的建議是：

夫妻宮不好的人，必須先檢討自己。在自己的周圍去尋找有婚姻美滿、事業成功的人，做為榜樣，儘量去學習他們待人處事的優點與風格。並且隨時修正自己的錯誤。

夫妻宮有『擎羊星』的人，在自己本身的感情世界中也會具有獨佔、霸道、不講理，愛就愛得死去活來，不愛時就相互攻訐爭鬥，疑神疑鬼、報復心、與石俱焚等特殊性格，常有自己得不到的，別人也別想得到的想法。不但在與他人相處上會因強烈的個性遭人排斥，就是在夫妻相處上也是彼此刑剋的厲害，誰也不讓誰，其結果當然是顯而易見的了。這種婚姻關係往往形成互相傷害、彼此報復的結果。因此在對夫妻宮有『擎羊星』的人的建議上，我希望你自己本身要多有修為，並隨時警剔自己要寬容的對待別人。千萬要記得：吃小虧會佔大便宜，家和萬事與，不要一味的只要求別人，而不要求自己。

楊先生的命宮為『文昌居平』，這是一個常自做聰明，而思慮和計算能力不足，堪察事物只重表面，不重內在情況的命格。因此在對很多事物的估計上會產生錯誤。在產生錯誤之後，又形成怨天尤人的氣憤。因此我建議楊先生應專注精神去鑽研一門手藝、修習電腦，或做文科工作方面，從實務做起，不要太在乎計較錢財的利益，等到有專門技術之後，財運自會到來。

楊先生的桃花星在命盤中分佈很不均勻，只有在寅年、辰年、巳年、午年、未年、申年、酉年、戌年會較有桃花運的機會。但是辰年是『破軍化祿』，破耗多，不利財，雖化祿亦不能從商，又有『天空星』，使萬事成空，也不利於婚姻，因此交不到女朋友。巳年有『天鉞』、『喜神』、『臨官』這些乙、丙、丁、戊級的桃花星，為『鈴星』、『天刑』所剋。縱有桃花運也不佳。午年有『咸池』，但為『地劫』、『小耗』所剋，外來事物會影響桃花運。未年有『沐浴』，但『太陰居陷』、『大耗』臨運。會與女子不合有是非。申年有『貪狼化忌』，壓過『天喜』這顆戊級星。逢『貪狼化忌』運時，人緣關係惡劣，常產生是非遭災。

因此我們看看可以利用的桃花運時機，只有寅年、酉年、戌年了。寅年有『廉貞』、『右弼』、『紅鸞』，這在結婚運上是一個好運。但是在已婚後的寅年，卻是個容易有離婚機會的年運。因為『廉貞』桃花星逢『右弼星』的關係。

酉年時，有『天機』、『巨門化權』、『火星』、『天姚』等星。利用自己的聰明才智和口才，可以交到一個心儀的女朋友。但是要小心，不要常翻舊帳，事事計較，也不能性急火躁，才能達成所願。

戌年時，有『紫微』、『天相』、『陰煞』等星。在流年中此年是最舒服、平順的一年。但是仍有一些小人在私底下做怪。只要保持好心情，所有的事情都會順利吉祥。

因此，寅年、酉年、戌年是楊先生最可發揮使『婚姻運』飆起來的年份。在每一個流年中，當流月行經寅宮、酉宮、戌宮時，也是楊先生較有桃花運的月份，可以好好把握！

❀❀❀❀❀

2 因本身個性的問題，與家族遺傳的影響，而有晚婚的格局：

朋友中有一位長得儀表非凡、才氣縱橫、人緣極佳的帥哥李先生，擁有讓許多美女覬覦的優點，也有許多美女前來暗示，但是此位帥哥就是不結婚。也不願意對周圍的美女進行追求，他最常說的一句話，就是『大家都是好朋友嘛！』難道要與周圍的美女做一輩子的好朋友嗎？真急煞了許多有心人。

有一天，這位李先生自己找我幫他排一下命盤，當然，婚姻之謎也就順便解開了。

李先生是『火貪坐命』的人，這個人的速度感很快，無論思考能力，與行動能力都是一流迅速的人，其聰明才智自然不在話下，但是會是一個性格有些古怪的人。有『貪狼居旺』在命宮的人，交際手腕極佳，人緣特好。尤其他的遷移宮又是『紫微星』，所到之處皆受人尊重、仰慕，是極端好運的人。

李先生還有更好運的命格，就是『火貪格』暴發運。在馬年時，28歲即以著作聞名，大發了一筆財富。我們都知道『火貪格』比較偏向於財富的獲得，因此他從此一蹴富人之列。

李先生的夫妻宮還不錯，但為什麼不結婚呢？

李先生 命盤

兄弟宮 太陰 封誥 截空 旬空 癸巳	命宮 貪狼 火星 天魁 咸池 小耗 甲午	父母宮 天同 巨門化祿 文昌化忌 文曲化科 乙未	福德宮 武曲 天相 天空 天姚 陀羅 天喜 丙申
夫妻宮 廉貞 天府 天刑 沐浴 貴索 壬辰	金四局	陰男	田宅宮 太陽化權 天梁 祿存 台輔 蜚廉 白虎 丁酉
子女宮 右弼 辛卯			官祿宮 七殺 擎羊 天貫 寡宿 戊戌
財帛宮 破軍 地劫 天鉞 喜神 紅鸞 臨官 庚寅	疾厄宮 鈴星 病符 破碎 辛丑	遷移宮 紫微 陰煞 大耗 <身宮> 庚子	僕役宮 天機 左輔 天馬 弔客 歲驛 己亥

『夫、遷、福』

現在我們來看看李先生的『夫、遷、福』這一組宮位的星曜。夫妻宮中有『廉貞、天府、天刑、沐浴』等星。『廉府』在夫妻宮的人，會有善於交際的配偶，而且夫妻倆志同道合的以交際應酬為樂。可以發展很好的人脈關係，在彼此的事業成就上助力很大。有『天刑』在夫妻宮時，夫妻間會有些磨擦，感覺到刑剋，心理上會因對方而產生負擔。有『沐浴』桃花星時，是夫妻間感情的潤滑劑。

以夫妻宮有『廉府』雙星的人，我們可以得知李先生的配偶是長得白白淨淨、穩重規矩、圓滑，又很會理財的人，這一點對『貪狼坐命』的人來說，正是補足其缺點的地方。『貪狼坐命』的人，其財帛宮都是『破軍星』，有愛花錢、不會理財的毛病。況且李先生的財帛宮內尚有『地劫』這顆星，錢財常被人借走不還，或因外來的事物引起破耗，錢財留不住，進財也常有不順的狀況。但是命宮中有『貪狼星』的人，都很怕被束縛、被人管，否則那真是要了他的命，他會趕緊逃走。

夫妻宮有『廉府』雙星的人，其本人的內在感情上強烈的佔有慾，固執而霸道，私心很重，但外表卻表示豁達、不計較的樣子。讓人摸不清他內心在想些什麼？是不是真的不計較？倘若你真以為他是大方不計較的人，你便錯了！你很快的便會感覺到不知何時得罪了他？而且還會有些小懲罰，在後面緊隨著呢！要知道有廉府在夫妻宮的人，雖不會和夫妻宮有擎羊星的人一樣，報復的那麼嚴重，但至少會讓你知道你已得罪他了！

夫妻宮的對宮官祿宮中又有『七殺、擎羊』來相照夫妻宮，形成『廉殺羊』的格局非常凶悍。不但在流年、流月中逢到會有血光之災，三重逢合時，在辰年、戌年都會有性命之憂。因此也連帶的對夫妻宮造成刑剋。此格最好是去做軍警職，夫妻聚少離多，減少刑剋。同時妻子也可發展交際手腕，助夫在官運上亨通。

李先生的遷移宮中有『紫微、陰煞』。有『紫微星』時，他在環境裡都是遇到條件好、高格調的人。因此細數對李先生有意的女子，差不多都是容貌、能力一流的女子。可是李先生的遷移宮中還有『陰煞』這顆小鬼在作怪。雖然李先生的環境這麼好，但總有些小事磨心，讓他不痛快，因此『火貪格』的本性就發作了，逃得很快。

李先生的福德宮裡有『武曲、天相、陀羅、天姚、天空』等星。福德宮中有『武相』的人，本來是可以安享福祿，可是再加『陀羅』、『天空』，致使無法安享而需勞碌了。同時，『天空、陀羅』也制化了『天姚』這顆桃花星。

所以從『夫、遷、福』三宮來看，我們可以知道這位李先生是外緣及人緣極佳，但在桃花運方面並不是很強。同時我們也可瞭解他是多麼一個正派，不會亂搞男女關係的人了。

『兄、疾、田』

我們再看『兄、疾、田』這一組宮位。在李先生的兄弟宮中是『太陰陷落』。家中姐妹多，但和姐妹無緣相處少，不能相互幫忙。**疾厄宮中有『鈴星』在得地之位**。一生中沒有什麼大病痛，最多有皮膚病而已。因此在『寡人有疾』這一項也被否定掉了。**田宅宮有『太陽化權、天梁、台輔、祿存』入宮**。在田宅宮中只有『天梁』這顆高級桃花星，屬於人緣桃花、貴人運。因此此人的正派更可以證實。另外我們可以得知李先生所得祖業家產甚多，父母留給他的房地產龐大，這些資產並會愈來愈增多的趨勢。

在田宅宮中有『祿存』出現時，這是一個警訊。『祿存』雖是財星，在田宅宮也稱得上得居其位。但是『祿存』主孤，無子，或有庶出之子。**而李先生的子女宮中為『空宮』沒有主星，有『右弼』次級星在位**。再加上李先生命宮的四方宮位上（命、子、遷、田）有『火星』與『空宮』與『祿存』拱照，因此李先生的子女緣甚薄，很可能是認養的，或由別人養大的小孩。而且這個小孩很可能是女孩。

『父、子、僕』

我們再看李先生的『父、子、僕』三宮位。父母宮有落陷的『天同』、落陷的『巨門化祿』、居平的『文昌化忌』、居旺的『文曲化科』。這代表著李先生的父母很會說理、說教，但是李先生根本聽不進去，他有自己的想法，李先生會和父母有小的口角，但不會與父母有大的衝突，他會躲開，所以就離家至台北發展了。當然父母嚕嗦最多的，就是催他早日成家囉！

子女宮在前面已談過是『空宮』無主星，有『右弼』入宮，子息因緣不強，且可能是別人帶大的小孩，因此此類的子女運格，最好認養小孩為佳，但是前面談到的，他的內心世界是較私心重的，不是自己血緣中的小孩，他可能會認養嗎？這是值得置疑的。

僕役宮是『天機』在亥宮居平陷位置，還有『左輔』、『天馬』入宮。李先生的朋友運並不好，雖有『左輔星、天馬星』，朋友很多會來幫忙。但是愈幫愈忙。我們都知道『左輔星』是助星、貴人星，但是它是個忠實的老僕人，倘若主人（主星）是正派吉祥的好人（好星），它就是助善的忠僕。倘若主人（主星）是凶星、惡星，他就是助惡的愚僕。因此在此地『天機居平陷』，常有不良、不善、朋友關係變化惡劣的時刻，它只會助其愈變愈糟，因此可以說助益不大。

由李先生的『父、子、僕』三宮來看，我們可以很清楚的感覺到李先生他的內心裡非常明白清楚的曉得，家裡的人不可靠，沒法子溝通，外面的朋友更是不可靠。因此他永遠要像風一樣，到處遊走，永不停息，也不太會停留在那一個家裡了。

給李先生的建議是：

要改變一個人的個性並不容易，由於性格不同，因此每個人的命運結果也不一樣。李先生是『火貪坐命』的人，是一種極端沒有耐性的性格，我們若要勸其慢一點，穩定下來，也同樣是不可能。像其身宮又落在遷移宮的人，是注定東奔西跑、到處漂泊的人了。因為李先生有

好運一定強

『火貪格』爆發運、偏財運，故而我建議他做股票、期貨生意，而且短線操作上會有大財利。若要繼續做作家，宜從事旅遊類的作家，會有大發展。若從事旅行社的工作，做導遊，則不見得適任。因為旅遊業是服務業，而『火貪坐命』的人，行事潦草馬虎，一定會遭人抱怨。若做南北奔波的運輸業也不錯。但是有『貪狼星』在命宮的人，喜愛風花雪月，定看不起這種勞動形態的工作的。

『火貪坐命』的人，思想與情緒閃現得很快，有時候靈光一現，想要結婚也是有可能的。因此他們最容易傳出閃電結婚的喜訊。所以各位想要擄獲此位帥哥的美女們注意了！不知道誰是那位的幸運者或是不幸者呢？

『火貪坐命』的人很害怕束縛，可能才結婚就後悔了！也可能結婚三天就已不見蹤影。所以其配偶要給他很大的空間和時間，讓其隨心所欲的遊走。有一天在他心情低落需要有人談談時，他又會回到這個家中來，因此配偶的耐心需要何其大呀！

不過呢？『火貪坐命』的人，對金錢是不計較的，他會給配偶足夠的家用，一擲千金毫不皺眉，他小氣的是在感情方面的問題。只要配偶的忠心度夠，又能瞭解他心理上的障礙問題，生活上也會相得益彰。

李先生桃花運流年運程是寅年、辰年、午年、申年。寅年時若有機會結婚，會花費龐大，舉行盛大婚禮。辰年時若結婚比較會精打細算。午年時，結婚會閃電結婚，也會舉行怪招婚禮，或不舉行任何儀式。申年時結婚，很可能蹉跎很久，才勉強結婚。而且李先生很有可能在五十歲時才結婚。

❀ ❀ ❀ ❀ ❀

3 桃花星與煞星互相糾纏，桃花運雖多，但都不是善緣桃花：

一位陳小姐來論命時，很希望知道在經歷過多次不順心的感情之後，何時才能覓得如意郎君。

陳小姐是『文曲坐命』的人，據其自述常遭男人騙財、騙色、情感之路坎坷。寅年算是空窗期，沒有男友，請問要到何時才能覓得如意郎君？

『文曲坐命』的人，通常口才佳有辯才，而且本命即為桃花格局的人。風流韻事不斷，是不愁沒有桃花運的。目前沒有感情糾葛，主要是運逢寅年為空宮弱運，掌管流年情感的流年夫妻宮恰逢子宮，有『天機化忌』之故。『天機』善變，『化忌』為是非災禍。陳小姐寅年時的感情方面正逢一個起伏多變的情緒，而且這個情緒常把事物轉向惡質方面看待。縱然有男子靠近她，她也是覺得對方是趁機圖利之輩，會惡言相向，將之嚇退，故而此時以忙碌事業為佳。

陳小姐 命盤

遷移宮 廉貞 貪狼化祿 祿存 鈴星 天姚 臨官 劫煞 丁巳	疾厄宮 巨門 擎羊 右弼化科 地劫 戊午	財帛宮 天相 天鉞 紅鸞 寡宿 己未	子女宮 天同 天梁 左輔 天馬 庚申
僕役宮 太陰化權 陀羅 天空 蜚廉 白虎 丙辰	水二局	陽女	夫妻宮 武曲 七殺 火星 咸池 辛酉
官祿宮 天府 文昌 乙卯			兄弟宮 太陽 喜神 壬戌
田宅宮 旬空 小耗 甲寅	福德宮 紫微 破軍 台輔 天刑 天魁 天喜 <身宮> 乙丑	父母宮 天機化忌 解神 甲子	命宮 文曲 癸亥

現在我們來看看陳小姐的個性。『文曲坐命』有『廉貞、貪狼化祿、祿存、鈴星、天姚、臨官、劫煞』相照。『廉貪』在巳宮為居陷，貪狼化祿、力道不強。有『化祿』與『祿存』形成雙祿。『鈴星』是『煞星』，形成『刑祿』和『祿逢沖破』的格局。『天姚』主浮華、妖冶、風騷之桃花、化氣為破耗。『臨官』與『劫煞』合成『桃花煞』。對宮有這麼多星來相照。遷移宮也是影響一個人的個性最厲害的直射影響。由此我們可以看出陳小姐的個性，實則是一個嘴巴厲害，行為態度都很潑辣的角色。外面世界的財祿似乎很好。她也利用這個性格上的特性賺到許多錢財。陳小姐是保險業務員，這個工作很適合她。是得財不少的行業，但會遭到劫財。

有『廉貞、貪狼化祿』同宮相照命宮的人，在人緣關係上與行為是有問題的。事實上兩個主星都居陷落的位置，雖然有一點微小的人緣，但是得不到別人的尊重，況且再有『鈴星』這顆煞星同宮時，情況更明顯了。**而且還有『天姚』與『臨官』、『劫煞』這兩顆星所組成的桃花煞**，一同相照。既然一個人所處的環境是淫亂而帶財的環境，因此我認為陳小姐並不一定是遭人騙財騙色。相反的，她也有可能以色取財，而得財不少！

事實上，不論是『廉貪』坐命或者是『廉貪』相照命宮的人，都有說話誇大不實的毛病，多說少做。而其命宮的『文曲星』和相照的『天姚星』，是喜歡美化自己，掩蓋事實，慾望多而強詞奪理的一個特性。因此陳小姐的個性便浮現出來了。

『命、財、官』

我們從其『命、財、官』這一組宮位來看陳小姐的事業成就。命宮是『文曲』時系星坐命，聰明能幹，精打細算。通常『文曲坐命』的人會為桃花破耗（指錢財），但是陳小姐的財是桃花財，看起來在財的方面反而沒有破耗。在色的方面，因為本性如此，更談不上破耗了。

『文曲』時系星坐命的人，心情反覆，思想常變化，常怕自己吃虧。於是總是說自己吃了虧。

財帛宮裡有『天相、天鉞、紅鸞、沐浴、寡宿』等星。財帛宮裡有主星『天相』的人，一定會在一個平穩環境中，如公家機關或大公司中賺很平穩的薪水。『天鉞』更能增其很優雅的賺錢方式。『紅鸞』在財帛宮中雖能稍增財富。但『沐浴星』為敗星，有三個以上的桃花星（天鉞、紅鸞、沐浴）在財帛宮時，淫亂敗財的成份多，而助財富的能力少了。這表示，喜歡將錢財花在有關桃花色情的事情上面，也喜歡花在愛美的事物方面。

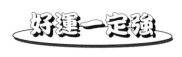

好運一定強

官祿宮有『天府、文昌』入宮。『天府』在得地之位，而『文昌』只是居平而已。這表示陳小姐在事業上會得到中等左右的財富，但是精明度與計算能力還是要加強的。同時也表示陳小姐的工作是表面很文雅，又很賺錢，但實際是普通的狀況。這主要的原因是由於外來力量的影響所致。是什麼原因呢？我們看到陳小姐相照官祿宮的夫妻宮裡，有『武殺』和『火星』形成『因財破劫』的格式，因此對事業也造成一定的傷害。所以再怎麼賺，都會辛苦異常，而發不了大財，始終只停留在一個稍微有錢的小康局面上。這已經是非常好了！

從陳小姐的『命、財、官』格局中，我們看到了桃花運對錢財事業的影響。

『夫、遷、福』

我們再從陳小姐的『夫、遷、福』三宮位來看陳小姐的結婚運。

夫妻宮中有『武曲、七殺、火星、咸池』。這是一個『因財被劫』的厲害的一個格局。雖然有咸池這顆桃花星，但咸池為桃花煞，又坐在酉宮桃花敗地之上，不能產生好的影響。因此陳小姐的夫妻運，不是吵鬧打架離開，就是有第三者介入，有三角戀情。嚴重時會持刀相向的局面。情侶、配偶無法長時期相守。

夫妻宮的星曜也代表其人的感情世界。有『武殺、火星、咸池』的人，內心是剛烈、火爆、吝嗇的。覺得是自己想要的，便使用一切的方法去得到，得到後又不珍惜，很可能覺得沒意思而隨意糟蹋丟掉。這種人在情感中有強勢作風。倘若自己丟掉的東西被別人撿去，而又用的很好的話，也很容易引起他的報復之心，或者是奪回，或者將之毀掉。**夫妻宮有『武殺、火星』的人**，通常會同居而不結婚，或者離婚再與人同居，與同居人也相處時間不久，就會換人。

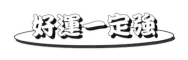

遷移宮前面已經談過，現在來看福德宮，福德宮中有『紫微、破軍、台輔、天刑、天魁、天喜』。『紫破』在福德宮裡的人，一生勞心勞力，奔波度日。他們喜愛享受物質生活，喜歡花錢，穿著打扮都需要名牌裝飾。而身宮又落在福德宮的人，是特別注重自身享受的人。也可以說凡是對他自身有利的事物，他都是特別自私的。

我們由陳小姐的『夫、遷、福』三宮得知，陳小姐在感情生活上，都是具有強勢主導力的人。

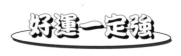

『兄、疾、田』

我們再由陳小姐的『兄、疾、田』三宮來看她是否有機會保有好的婚姻？

兄弟宮是『太陽陷落』，陳小姐與兄弟的感情不和，而且兄弟沒有她會賺錢，她也瞧不起他們。**疾厄宮是『巨門、擎羊、右弼化科、地劫、陰煞』入宮**。『巨門』與『擎羊』同宮，主因酒色得病。有『右弼化科』主有胃疾、膀胱之疾。有『陰煞』，容易犯陰事，因鬼得病纏身。

田宅宮為『空宮』，表示無正主。有『天同、天梁、左輔、天馬』相照，表示性生活快意，都沒有實際婚姻關係的約束力。同時也表示其人子宮不強、生育能力不強。

由『**兄、疾、田**』**三宮**，我們可以瞭解到，陳小姐同居的機會多一些，而且對方很可能是已婚者。

『父、子、僕』

從『父、子、僕』三宮來看陳小姐的婚姻運。父母宮是『天機化忌』，她與父母始終不和，而情況是時好時壞的，她也不會認同父母的教誨，多半時間與父母保持距離。**子女宮有『天同、天梁、左輔、天馬』**。陳小姐也可能會有一子。此子會交給別人撫養。**僕役宮中有『太陰陷落化權、陀羅、天空』等星**。我們可以看到陳小姐的朋友運也不是很好，『太陰陷落化權』，主女性朋友對她有很大的影響，而這些女性朋友其實都是與她不和而且相剋之人，朋友關係很壞。而且常常使她遭災失財。如此的朋友運，也不會有太長期的朋友，常常幾個月就換了一

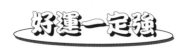

批人。

給陳小姐的建議

其實要給桃花格局的人一個建議是很難的事，難道你叫他不要去犯桃花，他就不去犯了嗎？可是陳小姐既然是鑾以自己為本位中心的人，自然就知道什麼時候的桃花對自己有用，什麼時候的桃花對自己無用了。在這個命盤格局中，當然是助自己生財的桃花，對自己有用。而財怎麼得，全憑個人所為，我們是干涉也無用的。但是要注意的是逢到巳、酉、丑的流年運程時，這種以桃花生財的方式也會受到一定程度的破耗與災禍的。由其以酉年為最甚。馬年時，會因邪淫，又在四方拱照的『火星』，形成火厄及劫殺的情況，會有血光性命之災，必須注意！

由於陳小姐命局和運程的影響，婚姻運為順其自然最好，不必太過強求。『人生以快樂為目的』可能是這個命局最適當的寫照了。而陳小姐會感到年運比較好、比較順遂的年份，應該是丑年、卯年、未年、申年。

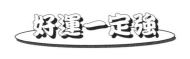

第二節 『配偶運』、『夫妻運』一定強

在已婚者的婚姻關係中最常見的就是夫妻相處不和諧，與外遇問題所帶給婚姻的傷害。我們若想改變這個不好的狀況，實則應該從夫妻彼此的內在性格著手，深切的瞭解彼此性格中的優劣點，要改變別人並不是件容易的事，那就先改變自己對感情處理的方法吧！這也許會給婚姻帶來一些建設性的吉兆，要使婚姻運飆起來，實則是自己的力量大過旁人的力量的！

好運一定強

例一：

有一個朋友常常告訴別人要和自己的丈夫離婚。她也坦言道，丈夫很愛她，但是為什麼要離婚呢？她說：『個性不合』！

有一天她來找我，請我幫她看看，到底婚離不離得了！

我們先來看這對夫妻的命盤，從命盤中，我們可以很快的找到答案，知道他們的問題在哪裡？也知道離不離得成婚了！

妻子的命盤分析：

我們從妻子的命盤中可以看到她是『文昌坐命』的人，遷移宮裡是『太陽、巨門、右弼』。因此我們很明確的知道，這個妻子是長相文雅，但性格外向，而且很喜歡說話的人。

妻子的命盤

子女宮 紫微、七殺、陀羅、天刑、大耗 己巳	夫妻宮 文曲化忌、祿存 庚午	兄弟宮 擎羊、白虎 辛未	命宮 文昌、天馬、劫煞 壬申
財帛宮 天機、天梁化科、紅鸞、解神、小耗 戊辰	陰女 水二局		父母宮 廉貞、破軍、天姚、沐浴、截空、破碎 癸酉
疾厄宮 天相 丁卯			福德宮 陰煞、天喜、寡宿 甲戌
遷移宮 太陽、巨門、右弼、貫索 丙寅	僕役宮 武曲化祿、貪狼化權 丁丑	官祿宮 天同、太陰、左輔、鈴星、咸池 <身宮> 丙子	田宅宮 天府、火星、臨官 乙亥

『夫、遷、福』

在妻子的夫妻宮裡有『文曲化忌、祿存』入宮。夫妻宮不但表達出夫妻間來往溝通的模式。同時也展現其個人的感情世界。因此我們知道這個做妻子的總是以言語來製造彼此的衝突。也知道此女子的配偶一定有性格趨向孤獨保守、話少、財力不錯、有積蓄，但是在韻律、感性方面很差，常常表達錯誤。

我們從夫妻宮來看妻的感情內在世界：她的基本性格也是一種保守的，可以自得其樂的，常以言語遭災的情感表達方式。

由妻子的夫妻宮，我們可以得知他們夫妻相處的方式，是各自有各自的精神堡壘，在感性與互動方面是不良的趨勢。而這個做妻子的人，無論嫁給任何人，都將會是相同的結果，與丈夫溝通不良，時有是非。

妻子的遷移宮中有『太陽、巨門、右弼』。『陽巨』在寅宮皆居旺位。她的外在環境是一種適合在文教機構發展，運用口才可得利、喜歡講理，又有女性貴人相助事業的環境。這和她本身從事文藝圈中的行政工作是非常相合的。

妻子的福德宮是『空宮』，有『天機、天梁化科』相照，本身福氣不強，辦事能力不錯，一生勞心勞力。福德宮中又有『陰煞、寡宿』，常犯小人，性格偏向孤獨。

從妻子的『夫、遷、福』三宮位來看，此女子的婚姻問題不大，只是溝通不良而已。

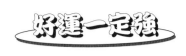

『兄、疾、田』

我們從『兄、疾、田』三宮位來看她的婚姻問題。兄弟宮是手足之宮，可以看出一個人與自己極親近的人的相處關係。**她的兄弟宮有『擎羊星』**。與兄弟的關係很壞。而且兄弟姊妹就是讓她頭痛的剋星，她也與兄弟姊妹相互計較。**疾厄宮中是『天相陷落』。健康很差。對宮有『廉破、天姚、沐浴、災煞』等星相照**，此女子常開刀，且有因婦女病或與生殖有關的器官會開刀。事實上我們已得知她在酉年、亥年、丑年都有開刀紀錄。胃部、子宮壁膜增厚、卵巢等部位都動過手術。因此身體情況不太好。

其田宅宮有『天府、火星』入宮。對宮有『紫殺、陀羅、天刑』相照。在她的田宅宮雖有『天府』這顆財庫星，但是就有四顆煞星來相剋，雖有『紫微』也無能為力了。因此其財庫是成敗多端、起伏不定的情況。而田宅宮也同樣是看性能力的宮位。由此我們亦可知這位女子是面臨身體健康的最大威脅。

『父、子、僕』

在妻子的『父、子、僕』這一組宮位中，父母宮為『廉破、天姚、沐浴』。與父母不合，其父母是說話、行為大膽之人，且父母離異。**子女宮是『紫殺、陀羅、天刑』等星**，有子一人，親子關係時好時壞，不算和諧而且相互刑剋。**僕役宮有『武曲化祿、貪狼化權』**。朋友宮是有暴發運的宮位，有『化祿』及『化權』，本來力道很強，**但是因對宮有『擎羊星』，造成破格**。但是依然有暴發運，要小心破耗、傷災的問題。朋友宮有『暴發運』的人，朋友運都不算好。他們雖然能給自己帶財來，但是常常相處狀況惡劣，所用部屬常有不聽指揮、背叛、拖累上司的情況。

我們可以看到這位女子的六親宮都不好，其中尤其以父母、兄弟為最。因此她在心理上應該是形同孤獨的性格。『文昌坐命』的人也都具有這種內在孤僻的個性，是不以為怪的了。

『財、官』

妻子的財帛宮是『天機、天梁化科、紅鸞』。賺錢進財的方式必是以智慧和機謀來進財，賺錢的方式很清高。我們也可看到她的財帛宮與官祿宮形成『機月同梁』格的格局。因此所得到財利應是徐徐漸進，像薪水階級領薪水儲蓄一樣，慢慢增多的。雖然她有『武貪格』暴發運，但『武貪格』多喜暴發在事業上再得錢財。而且『武貪格』是晚發趨勢。因此此女子必等至近四十歲時，才會大運漸好。

妻子的官祿宮有『同陰、左輔、鈴星、咸池』。而身宮又落在官祿宮。『同陰』在子宮皆居旺地。所從事的工作必為文職工作。而且清高得財。有『左輔星』會得貴人所助。有『鈴星』，稍有磨難，進財或事業上不會那麼快、那麼順利。

官祿宮也是相照、影響夫妻宮的宮位。有『同陰、左輔、鈴星、咸池』相照夫妻宮，配偶的相貌會端正美麗、性格溫和，但仍有刑剋。應該是吉多弊少的局面。夫妻感情還算和合。但是夫妻不喜『左輔、右弼』等來相助，仍會有離異的可能。尤其是在未年、酉年。未年是彼此刑剋所致。酉年時，會因外遇問題而離婚，其他的年份較不可能。

丈夫的命盤分析：

我們從丈夫的命盤中看到他是『天相、擎羊』坐命的人，命宮裡遇有『天刑、寡宿、沐浴星』。對宮有『紫微、破軍』相照。我們可以知道這位先生，外表相貌敦厚，但有尖尖的下巴，外觀也是性情溫和的人。

『天相』與『擎羊』同坐命宮的人，是『福星』與『刑星』同宮，為『刑印』格局，無法掌權。會破相、常有傷災。『天相、擎羊』在未宮時，『天相』居得地之位，『擎羊』居廟位，因此『擎羊星』是居強勢位置的星曜。而此命格的人，多有巧藝安身。我們知道這位先生在新竹科學園區的電腦公司工作，可以得到印證。

丈夫的命盤

夫妻宮 廉貞 貪狼 文昌 陀羅 臨官 白虎 <身宮> 乙巳	兄弟宮 巨門化忌 祿存 天空 陰煞 紅鸞 咸池 丙午	命宮 天相 擎羊 天刑 寡宿 沐浴 丁未	父母宮 天同化權 天梁 火星 戊申
子女宮 太陰化祿 地劫 甲辰	水二局	陰男	福德宮 武曲 七殺 文曲 天鉞 大耗 己酉
財帛宮 天府 鈴星 小耗 災煞 癸卯			田宅宮 太陽 庚戌
疾厄宮 左輔 天馬 劫煞 壬寅	遷移宮 紫微 破軍 癸丑	僕役宮 天機化科 右弼 天喜 貫索 壬子	官祿宮 天魁 台輔 天姚 喜神 辛亥

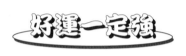

『天相』與『擎羊』同坐命宮的人，都有一些特質、相貌忠厚、長得體面、下巴有點尖。性格是表面溫和、而內在性情是剛猛、果決。在利害與人相衝突時會奸滑不仁。個性有某些部份是霸道而不講理的，又很固執而容易衝動，特別愛與別人計較，而且一定要佔上風。他們屬於敢愛敢恨的角色。**而命宮中又有『天刑星』**，更加強了這種敏感的特質，而會把一些情感上的不愉快，放在心裡，自我折磨。

哇！我們又發現這位先生的身宮居然落在夫妻宮！這是一種以『感情』為人生唯一歸依目標的心理模式，也就是說他把愛情看得比什麼都來得重要。**而這位先生的夫妻宮中又都是『廉貞、貪狼、文昌、陀羅』等星。『廉貞、貪狼、陀羅』合成『風流彩杖』格**，這是一個極端風流好色的格局。『貪狼』與『文昌』形成政事顛倒、糊塗的格局。對宮又有『天姚』、桃花星相照。因此我們可以斷定這位先生特別在乎的

好運一定強

就是閨房之樂了。

我們再來看看他的疾厄宮，身體好不好？疾厄宮為『空宮』，有『左輔』入宮，健康良好。疾厄宮的對宮有『天同化權、天梁、火星』相照，這是必須注意肝臟和酒色之疾的生理狀況。

我們再來看他的福德宮，享受好不好？福德宮有『武曲、七殺、文曲、天鉞、大耗』。『武殺』在福德宮是必須操勞奔波、勞心勞力，這是『因財被劫』，生活不安定的形式。有『文曲』、『天鉞』等桃花星，而『文曲』、『天鉞』都在旺位，桃花運不錯，是可以享受並且容易發生感情的局勢。但是也容易形成『因色持刀』的情形。

我們再來看他的子女宮與田宅宮這一組星。子女宮為『太陰陷落化祿、地劫』。與子女的緣份不佳，雖『化祿』也無用。因此有一子已經很好了，親子關係並不和諧。**田宅宮有『太陽陷落**』。他在家中沒有地位。『太陽』雖具陽剛之氣，但沒有光彩。

從這位先生的命盤中整個的形式來看，我們可以感覺到他對愛情(包括性關係)是寄予厚望的。而這位妻子因為身體太弱無法承受。因此造成彼此的衝突。但是我們也可以瞭解這位先生在感情上非常愛他的妻子，而且已經愛得有點糊塗了。倘若這位妻子一再的揚言要離開他，或真的採用行動的話，顯而易見的，**命宮中有『擎羊星』的人是絕對不會放過她**，可能會有殺妻等制裁行動出現了。君不見殺死星相家陳靖怡的男友，也就是『天相、擎羊』坐命的人嗎？

在這個案例中，我所提供的建議是：

◎**在妻子方面**，要儘快的把身體養好。不要再談離婚的事。事實上彼此也沒有什麼大問題，只是性生活不協調而已。要找一個像她先生這樣愛自己的人並不容易，要多珍惜！不要誤人誤己。

◎在先生方面，要體諒妻子的身體弱，在家事方面多協助，儘量投其所好，形成和諧的家庭氣氛，如此，太太歡喜、家庭和樂、自己的好色本性可以得到紓解。

例二：

亥年時，有一位事業很有成就的林先生前來找我談談他的煩惱。因為這是家務事、不願意讓朋友、親戚知道，又無人可談心。**他告訴我說，自己已結婚三次了，但是現在又想離婚**，不知道是否該離？當我問及離婚的原因時，他說：只是感覺情感淡了，覺得沒有必要再繼續，願意將家財的一半贈與現任配偶以求解脫。並且最近常到寺廟清靜之地參拜遊覽，甚至興起出家的念頭。

林先生 命盤

遷移宮 天梁 左輔 天馬 癸巳	疾厄宮 七殺 文昌化忌 天魁 天喜 甲午	財帛宮 天空 <身宮> 乙未	子女宮 廉貞 文曲化科 陀羅 丙申
僕役宮 紫微 天相 壬辰	木三局	陰男	夫妻宮 祿存 右弼 丁酉
官祿宮 天機 巨門化祿 地劫 辛卯			兄弟宮 破軍 擎羊 天刑 戊戌
田宅宮 貪狼 鈴星 天姚 天鉞 庚寅	福德宮 太陽化權 太陰 火星 辛丑	父母宮 武曲 天府 陰煞 紅鸞 咸池 庚子	命宮 天同 己亥

望著眼前這麼一位事業成功者，他居然說要出家，這不是太奇怪嗎？難道為感情所困？

我從林先生的命盤中找到『鈴貪格』這個暴發運格局，告訴他與逢寅年便有暴發運的事實。林先生點頭微笑，隨即便講了他的故事。

林先生在28歲時發跡，在這之前他只是一個公司裡的小職員。但是在發跡之前卻發生了一件影響他很重大的事情，就是和第一位妻子離婚。原因是妻子在職業賭場中輸了很多錢。夜裡他在睡夢中被叫醒，幾個惡漢逼著他簽下一百萬的債票。當時他還正窮困，並沒有這一百萬元，但是他卻毅然決然的簽下本票，也簽下離婚協議書。沒想到幾個月後他卻意外的接到一筆生意，發了一筆大財，把債也還清了。從此事業便青雲直上，目前在世界各地共擁有三十多個貿易公司。由此可證明很多人在暴發運來臨之前，都會遇到一陣子運氣低落的時刻。

『命、財、官、遷』

我們先從林先生的『命、財、官、遷』等宮來瞭解林先生的個性。林先生是『天同坐命』亥宮居廟位的人，他的相貌堂堂，外表正派，溫和、氣質很好，說話表現思路聰敏內斂。**在遷移宮中有『天梁、左輔、天馬』入宮，**而『天梁』是陷落的。因此沒有長輩貴人運。

『天同坐命』本來是福星坐命的人，比較懶惰，但有對宮陷落的『天梁』來激勵，因此可以在事業上打拼而有成就，雖然說忙碌不停，但是好運常掉落在他的頭上，這是與旁人的勞碌而沒有結果的狀況所不能比的。據林先生自己也說，他的運氣總是比別人好，常有不認識的人來找他合夥做貿易公司，三十幾家公司就是這樣來的。就像在美國所擁有的那間貿易公司，三十幾家公司就是這麼來的。就像在美國所擁有的那間貿易公司，便是他在接洽業務時，來往了數次，而對方竟提出合夥的要求，並把公司資產分給他一半，你說奇不奇？而『天同坐命』的人，就是有這種福氣來消受。當然對方一定也對林先生這個人做過很深程度的調查，否則也不會如此的信任他了。

林先生的財帛宮是『空宮』，對宮有『太陽化權、太陰、火星』來相照。財帛宮是『空宮』的人，一定要請會計來管理財務，否則財產會存不住。有『太陽化權』相照時，『太陽』居陷位，在男人的環境裡競爭力不強，但有『化權』時，依然可有檯面下暗中主導地位。有『太陰居旺』相照時，錢財很多。有『火星』相照時，錢財進出快速。

林先生的官祿宮是『天機、巨門化祿、地劫』。可見林先生的事業必須用智慧精心研究，並且在該項事業中要達到極專業的水準，而且必須運用自己的口才向對方說明，則所得到的錢財是非常鉅大的。

我們從林先生的命盤也可發現他是『火貪格』加『機月同梁』格的人。這也是需要漸進累積，然後再靠幾年一次的暴發力往上衝的格局。同時我們也發現林先生是主財而不主貴的人。財富可以無限的伸展，主貴的機運卻不好。從言談中我也發現林先生從商的心得很多，對政治卻沒有興趣。可見他已找到自己的路了。

現在來看看林先生的夫妻宮，夫妻宮中有『右弼星、祿存』。可見林先生的妻子都是嬌小可愛，很會撒嬌、孩子脾氣，會把老公與家庭照顧得很好，又能幫老公存住財富的人。

既然這麼好的老婆，為什麼會結婚三次？現在還想離婚？

夫妻宮中有『右弼』、『左輔』這兩顆星的任何一顆存在時就是容易再婚。

當夫妻宮有『右弼』時，林先生的內在情感世界也有下列『右

好運一定強

弱』的特質。林先生會對感情產生很多幻想。他是表面很隨和相處的人，內心卻有些專制，而且在感情方面很剛強，具有野心，很會去照顧情人或其他的人，但熱心是有條件的，他只會照顧被認定是自己人的人。他把周圍的人以自己感情喜好的模式分為很多等級。因此常有感情困擾。同時他是多情又多慮的人，初戀肯定不會成功，而又一輩子會懷念著這個初戀的情人。始終無法忘懷這第一個情人。

夫妻宮中有『祿存星』的人，也是在感情上特別小氣的人。『祿存』是小氣財神，又主孤。因此夫妻宮中有『祿存星』的人，同樣是眼睛中揉不進一粒砂子的人。

林先生目前的妻子正是這麼一個嬌小美麗的女人，生有兩個兒子，母子住在美國西部的華宅中，幫林先生看守家業。

而林先生在第一次婚姻中，育有一女，寄養在林先生的姊姊家中，姊夫是公教人員，生活清苦，林先生雖資助其購買房宅，但看在自己的眼中，女兒還是生活並不富裕的。女兒聰明才智超群，目前就讀一流的學府。林先生很自得說：『有這個女兒真是很滿足了！她就像以前的我，成績總是那麼好，樣樣都是第一名！』而比較起來，美國的那一對兒子，頭腦簡單，四肢發達，每天只知道玩，都被其母親慣壞了，林先生內心常覺得有一絲隱痛，笨人都在享福，聰明有能力的人卻在受苦，實在太不公平了。

林先生也曾和妻子商量，要把前妻生的女兒接到美國同住，但是為妻子斷然拒絕，並揚言：有她就沒有我！

現在女兒即將高中畢業，林先生欲將她送至美國留學。妻子的冷峻讓他寒心，因此才想了卻這段婚姻，多補償女兒一點。

我對林先生的建議是：

目前林先生會產生對事業、家庭問題放氣的念頭，主要是正在走『天同』運程的關係，『天同』運比較慵懶，做事不起勁。等到子年走『武府』運時便會忙起來，接下來的『日月、火星』運程及『鈴貪格』格的運程，人隨運走，想不忙都不成。因此在這個『天同』運程時先別忙著做任何決定。

況且『天同』運時，流年夫妻宮又恰逢『右弼、祿存』這個運程，是很容易離婚的。離婚時對人的殺傷力很大。但結束了婚姻對事實真的有幫助嗎？對女兒真的能補償了嗎？林先生這麼忙，難到真的能照顧到女兒了嗎？而且女兒大了，有她的前程和天地，現在女兒的年紀似乎與小時後需求的不一樣了。再過兩、三年她便會擁有自己的戀愛，更可能會擁有自己的家庭。到時後林先生會發現只不過是又毀了一個家庭而已。另三個母子的問題是不是又將成為林先生未來補償的目標了呢？

林先生的女兒一直和姑姑、姑丈住在一起，由他們撫養長大。姑姑無子女，將之視為己出，因此感情親密。我一直認為：一個小孩子生長在『有愛』的家庭中，比生長在富豪之家，天天過孤單寂寞的日子幸福得多。因此林先生縱有不忍，也不應剝奪了女兒幸福的感覺。況且女兒在年紀稍長一點，考取留學，順理成章的出國留學，對她自己的適應環境的能力方面，與自我照顧和人際關係處理方面都會更具圓融的能力。而不必現在立刻將她投入另一場家庭紛爭之中。這樣對大家都是沒有好處的。也很可能會毀掉女兒的前程與幸福。或者會將她造就成憤世嫉俗，永遠覺得不公平的境地之中。

另一方面我也發現林先生以彌補女兒為由，想和目前妻子分居。

實際上是在內心深處做比較，新人不如舊人好，對能生出和自己一樣出類拔萃的女兒的第一任妻子，還是懷有無限思念之情。雖然當時她做錯事情，欠下賭債，但是事隔十八年了，一切也雲淡風清了。

這也印證了『右弼星』在感情方面的特質，感情容易有困擾，最懷念初戀情人，永遠念念不忘！我也可以這麼斷定，林先生真正想離婚的原因，也並不全然為了要彌補女兒，當然會有另一種愛情情愫在發酵使然了。不過呢？只要過了這個流年運程，到另一個流年運時，也可能就不會再這麼執著、這麼想了。

如何掌握旺運過一生

法雲居士⊙著

這是一本教您如何利用『時間』來改變自己命運的書！旺運的時候攻，弱運的時候守，人生就是一場攻防戰。這場仗要如何去打？

為什麼拿破崙在滑鐵盧之役會失敗？

為什麼盟軍登陸奧曼第會成功？

這些都是『時間』這個因素的關係！

在您的命盤裡有哪些居旺的星？

它們在您的生命中扮演著什麼樣的角色？

它們代表的是什麼樣的時間？

在您瞭解這些隱藏的契機之後，您就能掌握成功，登上人生高峰！

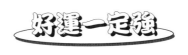

第六章　如何讓『家庭運』、『家族運』一定強

第一節　『長輩運』、『父母運』、『上司、老闆運』一定強

『父母運』就是和父母相處的關係。父母是養我們、育我們的貴人。在命格裡，父母宮好的人（有吉星）就具有『父母運』。難道父母宮不好的人，就沒有『父母運』了嗎？那倒也不一定。父母宮不好的

人，是比較和父母不能溝通。有時候是父母太固執、太權威。有時候也是你自身的問題。是不是你個性太剛強了？無法接受他人的意見？父母說的話，你一點沒聽進去，也沒真的去用心思考過呢？

和父母相處不算和諧，但又沒有大磨擦的人，還有另一種情況出現。那就是你的命宮屬性和父母的命宮屬性不一樣，而造成性格上的差異，或是價值觀不一樣，亦或是思考事物上的想法思路不一樣所致。

有一位『太陰坐命』的女孩，總覺得她的母親對她很冷淡，有時候很想與媽媽親近，但總不敢靠近她身邊。她總是眼看著媽媽與姐姐、妹妹很親密、相互嬉笑，自己總是個局外人似的，內心非常沮喪。有一天她來找我，希望能找出答案。

我發現這位女孩的母親是『破軍坐命』的人、父親是『廉破坐命』的人。她的姐姐是『機梁坐命』的人。妹妹則是『陽梁坐命』的人。問題就顯現出來了！

母親是『破軍坐命』午宮的人，子女宮是『天同星』。父親是『廉破坐命』酉宮的人，子女宮有『同陰』相照。可見他們一定會有乖巧聽話的小孩，而且以女孩子較多的情況。父母的命宮裡都有相同的破軍星，因此他們在思想上、價值觀念上，處事方法上都非常相合。他們會有很快的速度感、積極奮發的衝動力、做事乾脆、花錢也乾脆、不喜歡拖拖拉拉。喜歡交朋友、個性堅強、頑固，但在某些事物上伸縮的尺度也很大。而且這對父母的身宮都落入官祿宮，他們是以事業為人生最大目標、第一順位的人。他們不喜歡哭哭啼啼的失敗者，不喜歡模稜兩可的答案，更不喜歡做事慢吞吞或沒有事業心的人。

這位『太陰坐命』的女孩，命宮坐在卯宮居陷。是個感情細膩，喜歡多想，而且是喜歡胡思亂想的人。小時候就愛哭，像個受氣包。

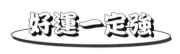

『太陰居陷』坐命的人，速度感較慢。做任何事一定要磨很久，想來想去拿不定主意。這種性格和父母都不相同，因此很難和父母進入良好的溝通模式，因為父母很容易就會對她的緩慢而覺得笨拙，變得不耐煩了。

而女孩的姐姐是『機梁坐命』的人。『機梁坐命』的人，本身就很聰明，有智謀，很知道閃躲不悅的時刻。**而她的朋友宮裡就有『破軍』這顆星**。**雖然父母宮裡是『紫殺』**，父母會對他們很嚴厲，但有時候也能像朋友一樣聊聊天。**妹妹的命宮是『陽梁坐命』**。天生開朗的好性格，做人不計較得失，又喜歡照顧人。**她的朋友宮也是『破軍星』**，和父母有了共通點。**雖然父母宮也是『七殺星』**，父母對她很嚴厲、愛管她。但是『陽梁坐命』的人，並不會因此而沮喪，而可以和父母說笑自如、相處和諧。因此我們可以瞭解自己命宮主星居旺時，雖然父母宮有

『煞星』存在，情況也並不嚴重。尤其是命宮中有『天梁、太陽』居旺星曜的人，一點也不畏煞星相剋的問題了。

而『太陰陷落』時，本來『太陰星』的光度便不強，陷落時根本無光。因此這位女孩總是畏畏縮縮的躲在人後，不夠大方，表達能力也不好。也因為財星陷落的關係，做事時常斷斷續續也賺不到什麼錢，一付失敗者的樣子。父母看到她總是擔心，也沒有方法幫助她。

我建議這位女孩，利用精算流年的方法來改善與父母的關係，與開拓事業的時機。目前她已和姐妹共同開了一家泡沫紅茶店，生意很好，和父母的關係也親密了。

首先我把這對父母的性格分析給這位女孩聽，告訴她與父母的分歧點，是在星座中星曜的動感節奏不一樣。『破軍』主動、『太陰』溫和，星曜屬性不同，因此在思想上的思路方式也不一樣。女孩太保守、父母很積進。做事方法有太大的差別，常會引起不快。也告訴她父母喜歡的是什麼，不喜歡的又是什麼？既然摸透了個性，對症下藥就很容易了。

其次，選擇女孩自己流年父母宮在『吉星』居旺的時候，做一些父母喜歡的事，讓他們高興，他們自然會覺得這個女兒懂事了，而受感動。在流年父母宮逢『煞星』或『主星』陷落時，宜出外工作，不要和父母起磨擦，自然萬事吉祥。

我們也常會聽到一些朋友談起，在某些年與父母常起衝突，在某些年又與父母感覺親密，這完全是你在行運流年父母宮時，運逢弱運或旺運的問題。只要明瞭其中的原因，你就可放開胸懷，不要太計較了。

『父母運』對我們的影響也很廣。父母宮同時也是看與上司、老闆的關係，與師長的關係，是一種『長輩運』的關係。

『父母運』可以是『主貴』的格局

在父母宮中有『天梁星』居旺的人，若在對宮或三合地位有『祿星』，『文昌、太陽星』相照或拱照的話。此人有完整的『陽梁昌祿』格。就像是『武相坐命』的人、『廉相坐命』的人、『天相坐命』巳、亥宮的人，都可能有這種好命機會。而『紫相坐命』的人，因為『父母宮』的『天梁』是陷落的，而『紫相』在辰宮時，其『太陽星』也落陷的關係，參加考試還是很有機會，但在升官上缺乏貴人星和運星居旺的助益，因此是比較沒有太大希望的。

『運星』在父母宮所具有的影響

父母宮中有『太陽星』

『運星』中包括『太陽、天機、貪狼』等星。『太陽』居旺在父母宮時，表示與父母感情親密，父母是個對人熱誠、開朗、坦白、沒有心機的人。你與父親的感情特別好。父親也特別具有權威性。當『太陽居陷』在父母宮時，你與父親有隔閡，父親也許是個不愛表達或表達能力不好的人。若『太陽落陷』再與『羊、陀、火、鈴』同宮的人，很可能幼年便與父親分開，父早逝，或自己被送與他人寄養。每當流年、流月行經父母宮時，境況也不好。

父母宮中有『天機星』

父母宮中有『天機』居旺時，父母是特別聰明、情緒善變之人。而且對玄疑性的事物特別有興趣。此時你是『空宮坐命』在巳、亥有『廉貪』相照的人。太聰明又善變的父母把你訓練成凡事無所謂的態度，前途並不一定好。

父母宮中的『天機居陷』時，你是『破軍坐命』子、午宮的人，和『七殺坐命』辰、戌宮的人。因為和父母處不好或父母之一早逝，所以很小便離家打拚，你們的性格剛毅，在外面會打下一片天地來。而讓你受益良多的就是外面世界的社會大學，若『天機居陷』再加『羊、陀、火、鈴』，在父母宮時，很可能幼小時被遺棄，由他人養大。

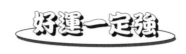

父母宮中有『貪狼星』

父母宮中有『貪狼星』時，『貪狼』雖是好運星，但在六親宮裡都以煞星的姿態出現，使人和親屬的關係惡劣。『貪狼星』不論旺弱，出現在父母宮時，都會和父母發生溝通不良的問題。父母是固執、唯我獨尊的人，聰明、思想和行動很快，根本不會讓你有發表意見的機會。若『貪狼居陷』，又有『羊、陀、火、鈴』相照或同宮的人，是天生的養子命，會早年便與親生父母無緣了。而養父母也依然會是個唯我獨尊的人，因此這個養子命運並不好。

『財星』在父母宮所具有的影響

財星中包括有『天府』、『武曲』、『太陰』等。『七殺』也算是一顆財星。是辛苦勞動所獲的財。

父母宮中有『天府星』

『天府星』在父母宮時，和父母的感情深厚，從小便能得到父母的良好照顧，而且一輩子受父母的恩澤很大。父母的錢財充裕，很重視子女的教育環境。『天府』在父母宮的人，是擁有最佳『父母運』的人。父母多半是公教人員，例如『天機坐命』丑、未宮居陷的人，會擁有『紫府雙星』在父母宮內。他們一生會擁有地位高又富有的父母，雖自己一生起起伏伏，但都會得到父母一輩子的照顧。『天機坐命』丑、未宮，若再有『羊、陀、火、鈴』等同宮的人，會有殘疾現象，可是有很好的『父母運』，一生仰賴父母更多。

父母宮中有『武曲星』

『武曲星』在父母宮時，此人的父母多半是軍警職的高官或生意人。其父母具有堅強的個性，很頑固、固執、為人信守言諾，財力特佳。『武曲星』在旺位時，父母雖然剛直，愛講規矩、一板一眼、但是與子女的親和力很好。與子女相處很愉快。**『武曲財星』居平陷時，例如父母宮是『武殺』的人，是『因財被劫』的格式**，父母親工作很辛苦又賺不到什麼錢，養小孩也很辛苦，與小孩的緣份也薄了。此種命格的人，是『同梁坐命』的人。『同梁坐命』的人有好強的脾氣與四海為家的個性。此種命格的人，在很多眷村長大的小孩身上會看到。父母是軍人，小孩小時候便混幫派，而『同梁坐命』的人正是這種四海性格，又容易受環境影響，而走黑道的人。

再例如父母宮是『武破』的人。也是『因財被劫』的格式。父母親常有離婚、破產，或根本賺不到錢，生活很拮据的情況。此種命格的人，是『天同坐命』辰、戌宮的人。『天同』福星居平陷之位。雖然人的個性一樣是溫和而逆來順受，但破碎的家庭和生活上不富裕，讓此人在生長環境裡倍嚐艱辛，與父母的緣份也不好。

『武府』在父母宮時，父母會是個對金錢敏感而計較的人。他們個性剛直、一板一眼，可能在財經界工作，或是做公教、軍警人員，有很固定、高收入的薪資、子女的生活富裕。此種命局的人，是『天同坐命』巳、亥宮居廟位的人。他可以得到父母的良好照顧，也會擁有較高的學歷。『天同』是福星坐命，在巳、亥宮時，因對宮有陷落的『天梁』，反而能激勵成為有用之人。他們一生與父母情深義重，是極好的父母運的人。

父母宮中有『太陰星』

『太陰』在父母宮時，必須居旺，才會有很好的『父母運』。而且一生受母親的恩澤較大，與母親的親情較濃厚。像『廉府坐命』戌宮的人，其父母宮是『太陰』居亥。和母親的緣份最好。母親也能帶財給子女，也給他最好、最溫柔多情的生活環境。

『太陰居陷』在卯、辰、巳宮為父母宮時，財星陷落，與父母緣份不佳，有相處上的困難，母親也容易有早逝的情況。這種命局的人則是『紫府坐命』寅宮的人、『天府坐命』卯宮的人、『廉府坐命』辰宮的人。他們比較享受不到父母溫柔多情的對待，而且幼時生活環境經濟能力較差。

父母宮中有『七殺星』

『七殺星』是財星也是煞星，在父母宮時，情況並不好。父母會忙於工作賺錢，對子女疏於照顧。總是有問題時才與子女溝通，有時候為時已晚，而子女也不會聽父母的話，彼此相處常有磨擦。而且父母對子女的要求高，並且嚴厲，彼此溝通上有困難。有此命局的人，都是命宮中有『天梁』這顆星的人，例如『天梁坐命』巳、亥宮的人、『陽梁坐命』的人等等。

此外，『天梁坐命』午宮的人，父母宮有『廉殺』雙星，父母最好從事軍、警職，較會與子女的刑剋少一點。其父母是一個性格保守、頑固、對錢謹慎，辛苦勞碌、智力平庸的小公務員。

『機梁坐命』的人，父母宮是『紫殺』，父母是辛勞奔波、地位高的人。『機梁坐命』的人，很聰明有智謀，因此和父母的關係難不倒他，雖常被嘮叨，但也很會應付，不會產生太大的衝擊。倘若有『羊、陀、火、鈴』和『紫殺』同宮在父母宮中時，會有父母不全的狀況，父母也不好相處。

『天梁坐命』巳、亥宮的人，父母宮有『七殺星』。你的父母是喜愛掌權、管教你很嚴的人。他們的想法和你的差異很大。本身『天梁』在巳、亥宮居陷，所受到的照顧就很少，再加上不能溝通，因此你在年輕時便會離開父母，在外面自立。父母宮中再有『七殺』和『擎羊星』、『陀羅星』同宮的人，父母很任性、固執，讓你很頭痛懼怕，你一生和長輩之間的關係也很糟糕。

『福星』在父母宮所具有的影響

『福星』是指『天同』、『天相』兩顆星。當父母宮有『天同星』居旺時，你的父母是溫和慈愛、世故且圓滑的老好人，你和父母的緣份極佳。他們一生只會對你付出而不會要求你。這種好命的人，正是『破軍坐命』辰、戌宮的人。同時父母也給『破軍坐命』辰、戌宮的人無限開展的前途。**父母宮的『天同』居平位時**，父母依然溫和，但是有點勞碌。你們的父母多半是公務員，或者是做小生意的人，一生有很充裕的時間與子女相處，情況和諧。

父母宮有『同巨雙星』的人，是『貪狼坐命』子、午宮的人。你常和父母起口角，父母是個愛嘮叨的人。雖然你也知道他們是為你好，但是仍免不了要逃走躲避，因此你會隔一段時間才回家和他們團聚，以減少磨擦。

『天相』在父母宮時，『天相』居旺，你會有勤勞、肯吃苦、任勞任怨、對人和善、喜歡照顧人的父母。當然對你的照顧也很好。有這種命格的人，是『巨門坐命』子、午宮的人，『巨門坐命』巳、亥宮的人。你們都會和父母情感親密，一生得到父母的金錢資助和生活中的照顧。

父母宮中是『紫相』，此為『機巨坐命』的人，你們雖然有良好的家世背景，但你們本身是破盪命格，家中會有變故，而得不到家中的援助和父母的照顧，你們會年輕時便離家打拚，白手起家。唯一得到父母恩惠的是遺傳的『上等人性格』。

父母宮中的『天相居陷』時，你的父母身材較矮，但依然是溫和慈愛的人，只不過對你的金錢幫助較少而已，精神上的鼓勵還是不差的。這種命格的人，是『陽巨坐命』的人。你們有開朗、口才好的特質，並不會計較自己是不是出身富貴之家，或是父母該拿多少錢來幫助你。因此你與父母之間仍是溫馨親密但常絆嘴的關係。

『煞星』在父母宮所具有的影響

『煞星』包括『七殺』、『破軍』、『貪狼』、『擎羊』、『陀羅』、『火星』、『鈴星』、『地劫』、『天空』等星。『巨門』是暗曜也算煞星之一，尤其在父母宮也是不算吉星的。

父母宮中有『殺、破、狼』格局中任何一星入宮。父母宮就是坐在『殺、破、狼』格局之上。你的父母宮、子女宮、僕役宮也都處在『殺、破、狼』格局之中，形成一個三合宮位。很顯然的，你這三個宮位都有問題，裡外都不和，對你心情上影響很大，也影響了整個人生的成就。

父母宮不好的人，有『煞星』存在時，此人幼年很辛苦，很可能少年便離家。子女宮不好的人，與子女緣薄，老年寂寞。朋友宮不好的人，一生都有寂寞感，而且容易憤世嫉俗，找不到與人相處的方法。在人生與事業上很難得到助力。況且此三宮坐在『殺、破、狼』格局上的人，都有遺傳上的問題。因為父母是生我們的人。子女是我們所出的人，此三宮都有煞星相互照應。子女必定少而難養。

◎**『七殺星』在父母宮的問題**，在前面『財星』在父母宮所具有的影響中已經談過，現在來談『破軍星』在父母宮所具有的現象。

◎**『破軍』在父母宮時**，與父母相處並不和諧。父母親之間感情不和，而且有離婚的現象。家庭破碎，成為單親家庭，你可能只會和父母之一共同生活。而共同生活的父親或母親也常有性情多疑，做事沒有原則，喜怒無常，事業上起伏很大等狀況。這也同樣影響你會在驚懼中過日子。

父母宮中有『廉破』的人，父母結婚、離婚的次數很多，你也有無法和父母共同生活的情況，你可能由別人養大。這是坐命在寅、申宮為『空宮』，有『陽巨』相照的人。

父母宮中有『武破』的人，是『天同坐命』辰、戌宮的人，父母有經濟狀況不佳，會離婚的情況，你幼年的環境很差。

父母宮中有『紫破』的人，你是『天機坐命』子、午宮的人，父母雖然是你一生的貴人，但你和他們仍然處不好，是非很多。

◎**『貪狼星』在父母宮時**，你會和父母的緣份很淺，在一起會爭吵無寧日，你會很早離家發展。父母是喜歡挑剔你的不是的人。你們的思想模式和做事方法都不一樣。父母的個性強悍、思想與行動快速，很難溝通。你多半選擇離家一途。

父母宮中有『紫貪』時，你是『機陰坐命』的人。你的父母對你很愛護，但他們的想法和表達方式，讓你不能接受。你本身是個敏感情緒、容易波動的人，因此你會躲避而不去溝通。

父母宮中有『武貪』時，你是『同陰坐命』的人。你的父母是有堅強意志和性格的人，他一定要把你造就成他所認為的頂天立地的人。『同陰坐命』的人是溫和、不喜競爭的人，因此在對事務的看法和情感上認定不一樣，故而無法溝通。

父母宮中有『廉貪』時，你是『太陰坐命』辰、戌宮的人。你與父母從小便不合，父母是個本位主義較重，較自私的人，他們也有內向、人際關係不好的狀況，你根本不會聽他們的話，年輕時便離家，不願意回去了。你的父母也是情感不和，有離婚現象的人。因此家庭問題也是你一生所要面對的問題。

倘若父母宮中有『廉貪』和『羊、陀、火、鈴、空、劫』同宮時，你和父母的緣份淺，可能一生都難再相見，不是父母早亡，就是你離鄉背井的離開，沒有再回來見過父母。

◎**父母宮中有『巨門星』時**，你與父母常有爭執，而且父母親彼此之間的關係淡薄常吵架，讓你看在眼裡，久而且之也與他們情感淡薄了。而你的父母會在物質生活上要求很嚴。他們可能對自己較放任，而對子女較剋刻，對你們在管教上也很嚴厲對待。此種命格的人有『紫貪坐命』的人、『廉貪坐命』的人和『貪狼坐命』辰、戌宮的人。**其中**

以父母宮的『巨門』居旺的人，稍好一點，父母嚴厲的教誨對孩子有益。**父母宮『巨門居陷』的人**，問題會比較嚴重。和父母的關係惡劣，多遭打罵，也可能會被過繼給人做養子。

若『巨門』與『羊、陀、火、鈴、劫、空』同在父母宮的人，會有父母不全的狀況。

◎**有『擎羊星』在父母宮的人**，是被父母所嚴格管制、剋制的人。是父母剋他，讓此人害怕、頭痛，想逃避。此命格的人，在生長環境中也不算順利。

倘若『擎羊星』是和吉星，如『紫微』、『天府』、『太陰居旺』、『天同』、『天相』等星同宮時，父母只是讓你頭痛懼怕的人而已。你不太喜歡和他們溝通。

若父母宮的『擎羊星』和『七殺』、『破軍』、『巨門』、『陀羅』、

『火星』、『鈴星』、『地劫』、『天空』等煞星同宮時，你的父母之一，必有一位身體不佳，有刑傷、及有生離死別之憾事。因此及早離家自立，會對彼此的關係和處境有改變。

◎**有『陀羅星』在父母宮的人**，父母是個心胸沈悶、自苦，有話不直說的人，可能一生有很多不順利的事，也會讓你在生長環境裡遭受到不好的影響。你與父母的感情不佳，父母可能從小便把你送與別人養。**尤其是父母宮有『日月』和『陀羅』、『火星』、『鈴星』、『地劫』、『天空』同宮的人**，你可能會被轉賣或轉送了好幾次，生長環境不佳。

◎**有『火星』和『鈴星』在父母宮的人**，與父母感情不合。父母的情緒暴躁，而且父母中，有身體欠佳者。

若『火星』、『鈴星』和『破軍』、『巨門』同在父母宮的人，必會為人養子，成長環境不佳。

◎**有『天空』、『地劫』在父母宮時**，此時若是父母宮為『空宮』，有『劫、空』入宮的人，會有為人養子或父母雙亡的情況。也可能會在孤兒院中長大。生活環境很差。

若『空、劫』與吉星如『紫微』、『天府』等同在父母宮的人，只是和父母的感情常有某段時期很冷淡。

若『劫、空』與煞星如『七殺』、『破軍』等同宮時，有父母雙亡，或一方早逝之憾事。生活環境不理想。

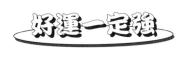

『化權、化祿、化科、化忌』在父母宮所產生的影響

父母宮中有『化權星』

有『化權星』在父母宮的人，多半會擁有固執己見的父母，而且會重視父權或母權的權威與地位。不容許別人討價還價的與他談條件，說一不二。因此表面看起來很難溝通。但是父母宮裡的『化權星』若是跟隨主星居旺的話，用溫柔圓滑的手段，好言相勸，還是會勸得動他們的。

◎甲年生有『破軍化權』在父母宮的人，與父母的感情不佳。父母固執、衝動、沒法子溝通，他們也會喜怒無常，你拍馬屁時最好先算好時辰、看好風向、要不然他們可能會對你破口大罵。

◎乙年生有『天梁化權』在父母宮的人。父母的權位高，他們也會極盡其能事的照顧你，讓你擁有高學歷、好的生活環境。若『天梁居陷化權』時，你可能只擁有固執、頑固的父母，對你幫不上忙了。

◎丙年生有『天機化權』在父母宮的人，你的父母很有改變別人、操縱別人的權利慾望。倘若『天機在子、午宮化權』時。你的父母對你有正面的影響，對你生活的環境和事業有幫助。倘若『天機居陷化權』在父母宮的人，父母的頑固會造成你與父母的隔閡，你可能會離家不想再回來。

◎丁年生有『天同化權』在父母宮的人，你的父母是溫和、慈愛、又有主見的人，他始終都有辦法讓你乖乖聽他的話。他也會在很多事情上幫助你，成為你最好的貴人。『天同居平陷』位置時，再加『化權』

在父母宮的人，父母會帶你參加很多遊藝活動讓你玩得很開心。但是對你在事業和金錢上的幫助比較少。

◎**戊年生有『太陰化權』在父母宮的人**，你的母親對你有極大的影響力。她會對你處處關心、有點嘮叨。『**太陰居旺化權**』**時**，你會對母親的關懷欣然接受，包括自己喜歡與不喜歡的全然接受。並且你對賺錢的本事很有一套，時時掌控賺錢機會。你也很會存錢，金錢運非常的好。『**太陰居陷化權**』**時**，你對母親的關懷嘮叨覺得厭煩置肘，沒法子接受，有時甚至於覺得母親是在和你處處作對。金錢運也常不佳。

『**太陰化權**』**無論在那一宮位出現，居旺時**，你和女性朋友的關係都非常融洽和睦。並且在女性朋友中說話有份量，掌有對女性朋友的主控權。居陷時，你和女性朋友相處不和諧，你會成為頑固不好說話的人，讓人覺得你脾氣古怪，難相處。

◎己年生有『貪狼化權』在父母宮的人，若『貪狼』在廟旺之地，你是俱有極大暴發威力的人，可以在錢財上暴發，成為大富翁。你一生都好運連連，時常有偏財運。在人緣關係上你也掌有最佳主導權的人際關係。所有的人看到你即被你特殊的個性所吸引，立刻表示友好建交。因此你的朋友很多，盛況空前。但是你有自己的自傲，對朋友的選擇很謹慎，你比較喜歡和地位高且掌權的人交往。你與父母都是極端驕傲的人，彼此頑固，不願意溝通，雖然和外界朋友的關係很好，但在家裡都是水火不容。這是非常可惜的。

『貪狼居陷化權』時，在外的人際關係很壞，有『化權』更增加壞的速度，你在說話上很自大傷人，只要一句話便能解決所有的人際關係。好運也不再出現，與父母的關係更是惡劣至極，人生中常有不順的事情發生。

◎庚年生有『武曲化權』在父母宮時，若『武曲』在廟地的人，你的父母不是軍警高官，便是賺錢很多的生意人。有『武曲化權』時，你的父母對你在金錢方面有很大的控制力。而你也會擁有很大威力的暴發運，而這些爆發力量，大多會來自父母之處。在你一生裡會擁有極大的財力。父母對待你的態度是很直接、很直爽、很權威、很重信守言諾的方式。但是他們同時也是頑固得可以了。你必須明瞭他們思想模式，否則你沒有充分的理由是無法和他們溝通的。

『武曲居平陷化權』時，必和『七殺』、『破軍』同宮，你的父母親必是軍警人員中主管階級的人。他和你相處的時間不是很多，但見面時情況也不好，只會訓人，彼此緣份很低。這是『因財被劫』的格式，『化權』為無用。只增頑固凶煞之氣而已。

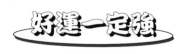

◎辛年生的有『太陽化權』在父母宮的人，『太陽』需在旺地，『化權』的威力會極大。你的父親對你有極大的影響力，他會處處使用權威使你聽話。也會在適當的時候幫助你。你與父親的關係親密，你會很尊敬他。在流年、流月、流日、流時運逢『太陽化權』時，你對男性長輩、男性朋友、男性下屬等，一切男性具有掌控權，說話有份量，請他們幫忙做事，沒有不成功的。

『太陽』是運星，加『化權』，在流年、流月中極能掌握好運增貴，同時在『陽梁昌祿』格裡，它也是在升官、考試上可以發展出極優異表現的好運道的。

『太陽居陷化權』時，在父母宮，你對父親有些懼怕。父親說的話你不一定聽。此時『化權星』也居弱位。你的父親依然是頑固而沒法子溝通的人，你們的親子關係不佳。你在男性社會的競爭力常因你個人的固執而功虧一潰。唯獨在考試運中，還有一點稍強的主貴好運力量，在升官運上有助益但不強。

◎壬年生有『紫微化權』在父母宮的人。你的父母對你無微不至。你與父母的關係融洽快樂。雖然父母對你很有權威，但是你會甘願聽其主導每件事情，你真是一個享福的人。

◎癸年生有『巨門化權』在父母宮的人。你的父母是對你極端嚴厲又具有口才上的優勢地位的人。在你與他們的爭執中總是佔有主導地位。父母又是最會指使你去做事的人。

『巨門居旺化權』時，你與父母的關係不好，但也能勉為其難的勉強去做。

『巨門居陷化權』時，你與父母的爭端多，他們常為你帶來災禍是非，讓你很痛苦。

父母宮中有『化祿星』

有『化祿星』在父母宮的人，父母多半是有一些資產的人，而且父母的人緣好、人際關係流暢。你與父母的感情親密。主星是財星居旺者最佳。你的父母不但有錢，而且是最會運用交際手腕、做事通情達理，也是最會見風轉舵之人。主星是財星陷落時再有『化祿』，父母是喜歡自作聰明、自以為圓滑，卻不被認同的人。

◎**甲年生有『廉貞化祿』在父母宮的人**。你的父母是很重精神享受的人。他們不是對藝術、搜藏有特殊興趣的人，就是對情色之事有興趣、外遇很多的人。因此有『廉貞化祿』在父母宮的人，家庭都不和諧，親子關係很疏離。

◎**乙年生有『天機化祿』在父母宮的人**，你的父母在財務和工作上很不穩定，常有起伏。

『**天機居旺化祿**』**時**，你的父母還很照顧你，對你無微不至。你的父母非常有好奇心，對你的教育方式會採用極新潮的方式。對你的態度也比較放任。

『**天機居陷化祿**』**時**，你的父母對你的態度大體上都不好。只有在偶而一、二次高興時，才會對你好一點。

◎**丙年生有『天同化祿』在父母宮的人**。你的父母極可能是公務員。父母對你情深義重，無限憐愛，把你照顧得無微不至。你與父母的感情親密。『**天同居平化祿**』**時**，你與父母的親密度略減，偶而有是非，但很快會遇去又和好了。

◎**丁年生有『太陰化祿』在父母宮時**，『**太陰居旺化祿**』**時**，你與母親情感深厚，母親會給你許多金錢花用，也會處處為你著想，一心對你

好運一定強

好。

『太陰居陷化祿』時，你與母親的情感時好時壞，但最後都會和好。可是母親對你的助力不大，也不太用心為你著想。你與其他女人的關係也同樣是這麼存在著。

『太陰居旺化祿』時，你的私房錢很多。母親會為你保管生利息。

『太陰居陷化祿』時，你的金錢運起起伏伏，最後能打平。

◎戊年生有『貪狼化祿』在父母宮時，你的父母喜歡交際應酬之事，他們工作的方式也是與應酬、酒色有關的行業。你與父母的關係是注重表面友好，而不實際裡溝通的關係。

◎己年生有『武曲化祿』在父母宮時，你的父母是很會賺錢的人，他們對你喜歡用金錢控制的方式來約束你。**『武曲居廟化祿』**時，你的父母很富有，對你很直接的付出愛心。**『武曲居平陷化祿』**時，你的父母只是小康局面的人，對你只是口惠而不能在金錢上給你幫助。你們的情感不算是真好，而且時有刑剋。

◎**庚年生有『太陽化祿』在父母宮的人**，你的父母非常有博愛心、對你的愛永無止盡，不求回報的投入方式。『**太陽居旺化祿**』時，你與父親特別親密。你也會在男人世界中人緣特好。『**太陽居陷化祿**』時，你與父親之間，只有在有事情發生時會同心同德。你們雖互相關懷，但平常並不表現出來，也不夠親密。你亦會在男人的世界中只是做幕後工作，而得到男性、長輩、朋友和同事的讚賞。表面上你和他們的關係不深。

◎**辛年生有『巨門化祿』在父母宮的人**。你會有利用口才交際的父母，而他們多半從事利用口才做生意的行業，例如教師、拉保險、業務員、仲介人員等等。你的父母很會講話。**當『巨門居旺化祿』時**，你的父母很會用說的把你哄得團團轉。讓你知道他有多愛你。**當『巨門居陷化祿』時**，你的父母與你口角多，但他們還是能佔優勢、愛管教你。此時你與父母的關係你時好時壞。

◎**壬年生有『天梁化祿』在父母宮的人，若『天梁居旺』**，你會有很好的『貴人運』，且會為你帶財來。你的父母極端的照顧你，一切都會替你打點好。你所有的長輩級，年紀比你大的朋友都會照顧你，你也對晚輩很有愛心。**『天梁居陷化祿』時**，你的父母、長輩、比你稍長的朋友，對你只是表面很好，但沒有實際助力。

◎**癸年生有『破軍化祿』在父母宮的人**，你的父母若不是在軍警機構中做財務工作，亦可能在傳播界任職。他們是個性豪邁、喜歡交朋友之人。但與你的感情時好時壞、並不穩定。

父母宮中有『化科星』

有『化科星』在父母宮的人，都有喜歡文藝、做事能力強、氣質較好的父母。而且父母凡事都很講道理，對子女不會大聲斥責、動粗。父母在事業上也會有很穩定、名聲很好的工作，成就不錯。你與父母之間的感情也是融洽和諧的狀況。

◎**甲年生有『武曲化科』在父母宮的人**，你的父母不是在軍警職中任文職工作，便是在金融行業任職。**『武曲居旺化科』時**，你的父母是耿直正派的人，與你的關係和諧，你們彼此會在一個傳統的方式下相處愉快。**當『武曲居平化科』時**，必是『武殺』或『武破』同宮，你與父母的關係不好，父母較窮，有點氣質，但不會賺錢。並且你們的關係只重視表面的功夫，但私下卻相互排斥。

◎**乙年生有『紫微化科』在父母宮的人**，你的父母有高地位、名譽好的工作環境而且工作績效好，心情很穩定愉快。他對你也有很高的期望，會很細心的照顧你。你們彼此是情感交流親密的最佳父子檔。

◎**丙年生有『文昌化科』在父母宮的人**。若**『文昌居旺』時**，父母是高學識、高修養、氣質佳，而且非常精明世故的人。同時你也很可能擁有『陽梁昌祿』格，在考試讀書、升官主貴方面有特殊的機運。你與父母的感情很平和而講道理。**『文昌居陷化科』在父母宮時**，你的父母外表長得不算文雅。也不夠精明，他們無法做計算及會計方面的工作，在記帳方面的能力很差，粗重類型的工作比較適合。你與父母的感情不很親密，須要加強。

◎**丁年生有『天機化科』在父母宮的人**，你的父母一定是個普通的上班族薪水階級的人。**『天機居旺』時**，父母的聰明才智很能發揮。你與父母的感情隨運氣而變化。『**天機居陷化科**』**時**，父母的工作問題重重。而且你與父母的感情很冷淡不佳。

◎**戊年生有『右弼化科』在父母宮的人**，你的父母很熱心，喜歡幫助人，做事也很有一套，喜歡為人著想，很體貼別人。你與父母見面的機會不多，你很可能是和祖父母或奶媽、親戚帶大的。因此小時候你與父母的感情不如一般的父子親密，長大後較親密。

◎**己年生有『天梁化科』在父母宮的人，若『天梁居旺』時**，你有極好的『貴人運』。父母對你照顧無微不至，父母是寬大胸襟、穩重、氣質佳的人。你與父母的感情深厚。**若『天梁居陷化科』時**，父母對你的照顧不算周到。你也與父母之間的感情平淡、不強烈。父母也是性格溫和、氣質佳的人。你可能很年輕便離家。

◎**庚年有『天同化科』在父母宮的人，『天同居旺』時**，你的父母是溫和、美麗，有文藝氣息的人。喜歡超俗生活，做人也圓滑世故，好脾氣，什麼事都會答應你。你與父母的感情溫和而親密。『**天同居平化科』時**，你的父母很喜歡休閒娛樂，且在這方面有專長。他們生活穩定，喜歡吃喝玩樂的事情。

◎**辛年有『文曲化科』在父母宮的人，『文曲居旺』時**，你的父母口才很好，特別喜愛利用口才來工作，並且他們很有表演的天份，在表演及口才方面可以發揮所長，可成為演藝界人士。『**文曲居陷化科』時**，你的父母在口才方面很樸拙，無法發揮才藝，但在相貌上較端正俊俏，氣質不錯，你在流年、流月逢到文曲居陷化科時，也會有口才笨拙、話少，言語表達有瑕疵的狀況。

◎**壬年有『左輔化科』在父母宮的人**，你的父母與你見面的機會不多，他們不是在外面長久的工作，便是把你寄養給別人。父母在工作上有好的表現。你與父母的緣份不強。**當你自己在流年、流月中行經『左輔化科』時**，可以在辦事能力上增強。若父母宮的對宮疾厄宮有吉星時，你在流年、流月運程中會有升遷上的喜事。此『左輔化科運程』對考試、婚姻仍是不利。

◎癸年生有『太陰化科』在父母宮的人，若『太陰居旺化科』時，你的父母是相貌美麗、溫和文雅、有高雅的氣質，從事於文藝、研究工作。多半會是公務員、作家之流。因為父母宮即坐在『機月同梁』格上。父母的財運不錯，是小康局面的人。**若『太陰居陷化科』時**，你與母親之間有隔閡，母親是氣質高雅高高在上之人。無法和你溝通。父母的經濟狀況是不富裕的情況。

父母宮中有『化忌星』

『化忌』是刑星，主嫉妒、是非，在父母宮內主與父母不和，彼此相刑剋問題重重。

◎**甲年生有『太陽化忌』在父母宮的人**，不論『太陽』在旺弱之地，皆與父親不和，與父母無緣。家中多是非。在自己的流年、流月行運父母宮時，會眼目有疾，學業與事業起伏成敗不一。在男性社會中沒有競爭力。

◎**乙年生有『太陰化忌』在父母宮的人**，不論『太陰』旺弱，皆有與母親不和，或與女性朋友、屬下有是非糾纏之狀。『**太陰居旺**』**時**，會有是非，但不算太嚴重，『**太陰居陷化忌**』**時**，是非很嚴重。且與父母無緣，從小生活辛苦。會離鄉背井，事業、金錢運都很差。

『太陰化忌』在亥宮居旺化忌，稱為『變景』，仍與母親與女性長輩不和，但在工作上會發揮成就。

當流年、流月運逢『太陰化忌』之宮位時，會與家中女人不和，在外面也與女人多是非、口角、頻惹痲煩，在女人團體中沒有人緣。在錢財收入上有拖延及是非產生。

◎丙年生有『廉貞化忌』在父母宮的人，與父母不和。其父母可能是注重情慾，易犯官非之人。當行運在此流年父母宮時，父母會生病。而你本人流年、流月行運此宮，也要防犯官非、坐牢之災。四十歲以後，行運此宮時，亦要防病災。

◎丁年生有『巨門化忌』在父母宮的人，與父母緣薄。**『巨門居陷化忌』時**，可能遭父母遺棄或送與他人寄養。一生與親生父母、養父母之間是非糾纏、不清不楚。本人在流年、流月行經此運時，也有頭腦不清、是非糾纏、官非不斷、感情困擾、工作不順等現象。

◎**戊年生有『天機化忌』在父母宮的人**，你與父母不和。你的父母是說話不實在、情緒變化非常大之人。你根本摸不清他們在想什麼，在家中常與他們衝突。父母的感情也不佳，彼此憎恨。

你在流年、流月行運此宮時，常有突然發生的變化，或是在是非中愈變愈壞的狀況，讓你應接不暇。財運也極差。

◎**己年生有『文曲化忌』在父母宮的人**。父母為臉上有痣或傷疤、斑紋、胎記等記號，喜歡說話，但常常說錯話，常說討人厭的話。父母的表達能力不佳。但卻又愛現，人緣關係很差，常惹是非。你與父母口角多，吵也吵不清楚。你在流年、流月運父母宮時，要小心言語上所引起的是非，少說少錯，愈解釋愈糟。

◎**庚年生有『太陰化忌』在父母宮的人**，你與母親有重大心結，無法和睦。父母親都是性情善變，常引起是非口角之人。你在流年、流月的運程逢父母宮時，也會與女性朋友有紛爭，與家中女性不和之現象。而且在財運上也會產生是非不順。

◎辛年生有『文昌化忌』在父母宮的人，你的父母在工作以外的才華少。精明度不足，往往自作聰明惹是非。你與父母不和，更不相信他們意見。你在流年、流月運逢父母宮時，要小心計算錯誤、公文、契約上的問題。**『文昌居旺化忌』時**，有才華遭埋沒之苦。

◎壬年生有『武曲化忌』在父母宮的人。你的父母性格古怪，且錢財上是非很多、糾纏不清。你在流年、流月運逢此宮運程。也要小心錢財上的是非、麻煩。感情、事業都不順利。

◎癸年生有『貪狼化忌』在父母宮的人。你的父母在面貌和身體上有疤痕、痣或奇異之處，會引人側目，人緣關係差，但會有特殊技藝以謀生。你與父母是非多、不合、溝通不佳、關係冷淡。你在流年、流月運逢此宮，如果有『武貪格』暴發運的人，會因暴發運後而惹是非、血光之災、官非等問題，須要小心。你在人緣關係上也會有問題。

如何讓『父母運』升高起來

我們可以利用行運的方式改善或增強『父母運』。也就是說利用流年、流月的行運計算出『流年父母宮』、『流月父母宮』來預知我們的『父母運』。在『流年父母運』、『流月父母運』逢『吉星』時，多與父母來往、溝通。用溫和、理性的方式，及多為彼此著想的方式來溝通，會有意想不到的好結果，更能增進彼此的親密感。

十二個命盤格式，最能增加『父母運』的流年時間

『紫微在子』命盤格式

1.紫微在子

太陰(陷) 巳	貪狼(旺) 午	天同(陷) 巨門(陷) (吉) 未	武曲(得) 天相(廟) (吉) 申
廉貞(平) 天府(廟) 辰			太陽(平) 天梁(得) 酉
(吉) 卯			七殺(廟) 戌
破軍(得) 寅	丑	紫微(平) 子	天機(平) (吉) 亥

在卯年父母宮為『廉府』。未年父母宮為『武相』。申年父母宮為『陽梁』。亥年父母宮為『紫微星』時，能增加『父母運』，不但能改善、增強了父母的關係親密，同時和老闆、上司、師長的關係也能夠友好親密。

『紫微在丑』命盤格式

在子年父母宮為『紫破』，與父母關係時好時壞，但仍有好的『父母運』在。**丑年父母宮為『空宮』、有『同梁』相照**，父母溫和、亦可利用。**寅年父母宮為『天府』**，是具有親密關係的好年。**午年時父母宮為『天相』。未年父母宮為『同梁』**。都是可以增進『父母運』的年份。

2.紫微在丑

廉貞(陷) 貪狼(陷) 巳	巨門(旺) 吉 午	天相(得) 吉 未	天同(旺) 天梁(陷) 申
太陰(陷) 辰			武曲(平) 七殺(旺) 酉
天府(得) 卯			太陽(陷) 戌
吉 寅	紫微(廟) 破軍(旺) 吉 丑	天機(廟) 吉 子	亥

『紫微在寅』命盤格式

在丑年時父母宮為『紫府』，是一極棒的父母運，父母會資助你大量的錢財。**巳年時，父母宮為『廉相』**，父母為保守好相處的人。**午年**

父母宮是『天梁』，此年你會得到包括父母、上司、師長、長輩的『貴人運』，生活愉快。**申年的父母宮有『天同』**，雖是居平，但父母溫和忙碌，也能溝通。**酉年，父母宮是『武曲居廟』**，父母雖性格剛直，但講理，好好溝通，父母會給你錢財利益。這些都是可增加『父母運』的年份。

3.紫微在寅

巨門(旺) 吉 巳	廉貞(平) 天相(廟) 吉 午	天梁(旺) 未	七殺(廟) 吉 申
貪狼(廟) 辰			天同(平) 吉 酉
太陰(陷) 卯			武曲(廟) 戌
紫微(旺) 天府(廟) 寅	天機(陷) 吉 丑	破軍(廟) 子	太陽(陷) 亥

『紫微在卯』命盤格式

4.紫微在卯

天相(得) 吉 巳	天梁(廟) 午	廉貞(平) 七殺(廟) 未	申
巨門(陷) 吉 辰			吉 酉
紫微(旺) 貪狼(平) 卯			天同(平) 戌
天機(得) 太陰(旺) 寅	天府(廟) 吉 丑	太陽(陷) 吉 子	武曲(平) 破軍(平) 亥

在子年父母宮為『天府』。丑年父母宮為『機陰』，丑年時雖和父母的關係有點陰晴不定，但還是好的時候多，因此可用。**辰年時父母宮**

為『**天相**』。**巳年時父母宮為**『**天梁**』，是最佳『父母運』的年份。**酉年時父母宮為**『**天同**』。這些都是可增進『父母運』的最佳流年年份。

『紫微在辰』命盤格式

在子年父母宮是『**日月**』，和母親的情感親密，和父親不合，因此只有一半的父母運。**卯年時父母宮是**『**紫相**』。**戌年時父母宮是**『**天同**』。**亥年時父母宮是**『**武府**』。這些都是增加『父母運』的好時機。

『紫微在巳』命盤格式

在丑年父母宮有『陽巨』，和父母的關係雖然口角多一點，但口角只是和父親容易產生的，和母親的關係會不錯，因此有一半的『父母

5.紫微在辰

天梁(陷) 巳	七殺(旺) 午	未	廉貞(廟) 申
紫微(得) 天相(得) 辰			酉
天機(旺) 巨門(廟) 吉 卯			破軍(旺) 吉 戌
貪狼(平) 寅	太陽(陷) 太陰(廟) 丑	武曲(旺) 天府(廟) 吉 子	天同(廟) 吉 亥

運』。**寅年父母宮有『天相』。卯年父母宮有『機梁』**，父母能成為你的最佳謀士，給你提出好的意見幫助你的年份。

6.紫微在巳

紫微(旺) 七殺(平) 巳	午	未	申
天機(平) 天梁(廟) 吉 辰			廉貞(平) 破軍(陷) 酉
天相(陷) 吉 卯			吉 戌
太陽(旺) 巨門(廟) 吉 寅	武曲(廟) 貪狼(廟) 吉 丑	天同(旺) 太陰(廟) 子	天府(得) 吉 亥

辰年父母宮為『紫殺』，父母很忙碌，會給你錢財資助，但對你的要求也很嚴。**巳年時，父母宮為『空宮』，有『同陰』相照**，與父親不

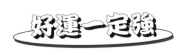

合，與母親較好。**戌年時父母宮為『天府』。亥年時父母宮為『同陰』。**

這些年都是可增加『父母運』的年份。

『紫微在午』命盤格式

丑年父母宮有『武相』。寅年父母宮有『陽梁』。巳年父母宮有『紫微星』，能幫助你過完不好的巳年運程。

申年父母宮行經『空宮』，有『陽梁』相照。酉年父母宮為『廉府』。戌年父母宮為『太陰』。這些都是可增加『父母運』的年份。

7.紫微在午

天機(平) 吉 巳	紫微(廟) 午	未	破軍(得) 吉 申
七殺(廟) 辰			吉 酉
太陽(廟) 天梁(廟) 卯			廉貞(平) 天府(廟) 吉 戌
武曲(得) 天相(廟) 吉 寅	天同(陷) 巨門(陷) 吉 丑	貪狼(旺) 子	太陰(廟) 亥

『紫微在未』命盤格式

子年父母宮為『天相』。丑年父母宮為『同梁』。卯年父母宮為『太陽居旺』。巳年父母宮為『天機居旺』。午年父母宮為『紫破』，此運程須離家再回去，會有很好的『父母運』。

未年父母宮為『空宮』有『同梁』相照。申年父母宮為『天府』。

酉年父母宮為『太陰居旺』。這些都是增加『父母運』的好時機。

8.紫微在未

吉 巳	天機(廟) 吉 午	紫微(廟) 破軍(旺) 吉 未	吉 申
太陽(旺) 辰			天府(旺) 吉 酉
武曲(平) 七殺(旺) 吉 卯			太陰(旺) 戌
天同(平) 天梁(廟) 寅	天相(廟) 吉 丑	巨門(旺) 吉 子	廉貞(陷) 貪狼(陷) 亥

『紫微在申』命盤格式

9.紫微在申

太陽(旺) 巳	破軍(廟) 午	天機(陷) 吉 未	紫微(旺) 天府(得) 吉 申
武曲(廟) 吉 辰			太陰(旺) 酉
天同(平) 吉 卯			貪狼(廟) 戌
七殺(廟) 吉 寅	天梁(旺) 丑	廉貞(平) 天相(廟) 吉 子	巨門(旺) 吉 亥

子年父母宮為『天梁』，能擁有最佳的『父母運』和『貴人運』。

寅年父母宮為『天同』。卯年父母宮為『武曲』，此年父母財力好，雖性格剛直，但重言諾，只要好好的講理，溝通會得到好結果。**辰年父母宮為『太陽』。未年父母宮為『紫府』**，和父母的關係非常好。**申年父母宮為『太陰』。亥年父母宮為『廉相』**。這些流年都是可增進『父母運』的好時機。

『紫微在酉』命盤格式

卯年父母宮為『天同』。巳年父母宮為『太陽』。午年父母宮為『天府』。戌年父母宮為『天相』。亥年父母宮為『天梁』。這些年份都是可增進『父母運』的好時機。

10.紫微在酉

武曲(平) 破軍(平) 吉 巳	太陽(旺) 吉 午	天府(廟) 未	天機(得) 太陰(平) 申
天同(平) 辰			紫微(旺) 貪狼(平) 酉
吉 卯			巨門(陷) 吉 戌
寅	廉貞(平) 七殺(廟) 丑	天梁(廟) 子	天相(得) 吉 亥

『紫微在戌』命盤格式

辰年父母宮有『天同』。巳年父母宮為『武府』。午年父母宮為『日月』在未宮。此年與父母較相合，與母親有芥蒂，因此『父母運』

只有一半，只會和父親親密。**酉年時父母宮為『紫相』**。這些年份都是可增加『父母運』的好時機。

11.紫微在戌

天同(廟) 吉 巳	武曲(旺) 天府(旺) 吉 午	太陽(得) 太陰(陷) 未	貪狼(平) 申
破軍(旺) 吉 辰			天機(旺) 巨門(廟) 吉 酉
卯			紫微(得) 天相(得) 戌
廉貞(廟) 寅	丑	七殺(旺) 子	天梁(陷) 亥

『紫微在亥』命盤格式

12.紫微在亥

天府(得) 巳	天同(陷) 太陰(平) 午	武曲(廟) 貪狼(廟) 未	太陽(得) 巨門(廟) 吉 申
吉 辰			天相(陷) 吉 酉
廉貞(平) 破軍(陷) 卯			天機(平) 天梁(廟) 吉 戌
寅	丑	子	紫微(旺) 七殺(平) 亥

辰年時父母宮為『天府』。申年時父母宮為『天相』。酉年時父母宮是『機梁』，父母會成為你的最佳謀士。**戌年時，父母宮是『紫殺』，**

父母很忙碌，能資助你金錢，但管得也很凶。這些年份都是可增加『父母運』的好時機。

第二節 『兄弟運』一定強

『兄弟運』在我們人生中所具有的影響

兄弟關係是我們在出生之後就產生的親屬關係，誰也沒有特殊的先見之明能來選擇的。因此不論『兄弟運』是好？是壞？我們都必須接受事實，沒辦法逃避。

兄弟姊妹的關係是我們人生中從小到大，所經歷或者是訓練我們和同輩朋友的相處關係中最直接、也最具影響力的學習過程。因此我們可以在命盤中看到兄弟宮是和僕役宮相對照，彼此影響的狀況。就此也證明兄弟姊妹的關係和諧，也直接和朋友問題發生關係，並對我們的一生精神上快樂與否，運氣好壞產生重大影響。

有好的兄弟姊妹關係，和好的『朋友運』是人人欽羨的，但是舉凡一切人際關係中，自己的經歷和學習過程都是影響『人際運』的重大關鑑。倘若能控制自己、明瞭自己個性中那些屬於不好的、陰晴不定、懷疑心重、嫉妒、易怒、不講理、衝動、暴躁、不明是非等的內在特質，『人際運』就能獲得改善，『兄弟運』、『朋友運』亦能隨之往『好』的上流發展。因此不論任何的運氣，一切求之在『我』，是一點也不假的。

『兄弟運』會影響『事業運』

前面談到兄弟姊妹的相處關係是我們出生到這個世界上來最先學習到基本的與朋友同輩之間的相處關係。而在人生的事業中，必須有良好的『朋友運』，有許多好朋友來相助，所成就的事業較大。因此『兄弟運』對『事業運』所具有的影響還真不小呢！

但是有些人會說，我的『兄弟運』不好，但是我的『朋友運』還不錯，這是什麼原因呢？

有這種狀況的人，多半是兄弟宮坐在『殺、破、狼』格局上的人。既然是兄弟宮有『殺、破、狼』這三顆星，與兄弟姊妹的感情差，或者是根本沒有兄弟姊妹，當然了！在『朋友運』中會有一半的力量消失，無法產生了。而朋友宮在好，如有紫相、廉府等星也是會直接受到煞星的衝撞，吉中帶有隱憂的。

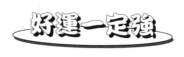

『運星』在兄弟宮所具有的影響

『運星』雖然包括『太陽』、『天機』、『貪狼』等星，但在兄弟運裡還是以『太陽居旺』，對兄弟運最為有益，兄弟姊妹多，而且能彼此和睦，相互幫助，感情親密。『太陽居陷』時，兄弟姊妹不合，彼此不能相互照顧。

『太陽』在兄弟宮時，也很有機會和對宮或四方三合地帶形成『陽梁昌祿』格。『太陽』、『天梁』皆居旺位時，你的兄弟會是事業、地位皆高，又能照顧幫助你的人。而兄弟宮『太陽居陷』、朋友宮『天梁居旺』時，你的兄弟會沒有能力給你幫助，而大哥型的長輩朋友會給你很大的照拂。若『太陽』、『天梁』皆居陷地，如『貪狼坐命』寅宮的人，那你就必須靠自己去打拼，無法有男性朋友或長輩運了。不過呢！

姊妹和女性朋友對你的幫助還是很大的。

『天機』在兄弟宮中，必須居旺，兄弟才能彼此和睦相處。『天機』為手足之星。但也主機智多變。『天機居旺』時，兄弟是聰明、智商高、智謀多的精明之士。『天機落陷』時，兄弟的聰明才智不夠，常自做聰明，為你招災，你們彼此的感情不佳。

『貪狼』在兄弟宮時，你的兄弟姊妹中會有晚婚或不婚的人，性情古怪，彼此不合，相互拖累。

『財星』在兄弟宮所具有的影響

財星中有『天府』、『武曲』、『太陰』等星。『天府』在兄弟宮時，你的兄弟姊妹很多，可能有五人左右。彼此能相互幫助，相處融洽、和諧，是最好的『兄弟運』了。有『紫府』在兄弟宮的人，是『太陰坐命』卯、酉宮的人，會有地位尊貴、富有多金的兄弟姊妹，並且蒙受照顧。有『武府』在兄弟宮的人，會有財富多的兄弟姊妹，性格雖剛直、小氣，仍會對兄弟姊妹照顧。有『廉府』在兄弟宮的人，會有吝嗇小氣多金的兄弟姊妹，經由交換條件，他們也會有限度的照顧你。

有『武曲星』在兄弟宮中時，若居旺位，兄弟是多金、性格剛直重言諾的人，若能說明原因，他會幫助你。『**武曲居陷**』**時**，兄弟不和、兄弟也是財少之人，如『武殺』、『武破』，皆是『因財被劫』的格式，很難得到兄弟的幫助，甚至彼此不來往。

『**太陰**』**在兄弟宮時**，『**太陰居旺**』，你的兄弟姊妹多，而且溫和美麗，能相互幫助。其中以姊妹與你最親，幫助最大。『**太陰居陷**』**時**，兄弟姊妹少一點，彼此不和，且與姊妹有鴻溝。

『福星』在兄弟宮的影響

『天同』在兄弟宮，居旺時，你的兄弟姊妹多，他們是溫和好脾氣的人，很好相處，彼此也能相互扶助。**『天同居平』在兄弟宮時**，兄地有二人，彼此感情雖溫和能相互照顧，但仍有起伏。

『天相』在兄弟宮時，『天相』居旺，你的兄弟姊妹很多，有四、五人之多。你的兄弟是責任心強，願意負責、事事皆可為你賣力之人。是一等『兄弟運』的人。**『天相』居陷時**，兄弟少，若加煞星，無兄弟。兄弟有時會幫你，大部份時間不會幫助。所以自己要莊敬自強。

『煞星』在兄弟宮的影響

『七殺』在兄弟宮時，若在子、午、寅、申宮會有兄弟三人左右，但彼此相處惡劣。你的兄弟會為脾氣壞、身體多病、性情孤僻的人。**『七殺』居其他的宮位**，你則沒有兄弟。

『破軍』在兄弟宮時，若居廟旺之位，有兄弟三人，但兄弟會為個性強、看似豪爽，但性格多疑，使你破耗多的人，與你不和。**兄弟宮中有『廉破』雙星時**，會有品行不良的兄弟，彼此不和，若你自己的流年、流月運逢『廉破運』，或者是流年兄弟運是『廉破』，則要小心被壞朋友陷害，或被綁架之憂。

兄弟宮中有『武破』時，會有品行不佳、窮困的兄弟，兄弟不和，且他會為你招災，你可能只有一個兄弟。

兄弟宮中有『紫破』時，你的兄弟姊妹中多是異母所生的，所以彼此關係惡劣，會有不來往或相互剋害的情形。

『擎羊、陀羅』在兄弟宮中，彼此不和，你的兄弟是自私、奸滑、處處愛佔便宜、侵略性嚴重的人，你無法鬥得過他們，最好敬而遠之，否則遭剋害。

『火星』、『鈴星』在兄弟宮的人，若居廟旺之地，有一、二人，若與煞星同宮，無兄弟。你的兄弟是性情古怪、個性暴躁、沒有耐心之人。彼此不和，很難相處。

『地劫』、『天空』在兄弟宮的人，若與吉星同宮，兄弟數目會減少。若與煞星同宮或獨坐兄弟宮的人，無兄弟。

十二個命盤，最能增加『兄弟運』的流年時間

『紫微在子』命盤格式

1.紫微在子

太陰(陷) 吉 巳	貪狼(旺) 午	天同(陷) 巨門(陷) 未	武曲(得) 天相(廟) 申
廉貞(平) 天府(廟) 吉 辰			太陽(平) 天梁(得) 吉 酉
卯			七殺(廟) 吉 戌
破軍(得) 寅	吉 丑	紫微(平) 子	天機(平) 亥

在丑年時，兄弟宮為『空宮』有『陽梁』相照。巳年時兄弟宮為『廉府』。酉年時兄弟宮為『武相』。戌年時兄弟宮為『陽梁』。這些流年年份都是可以增進或改善兄弟姊妹關係的好年份時機。

『紫微在丑』命盤格式

丑年時兄弟宮為『天機』居旺。寅年時兄弟宮為『紫破』。卯年時兄弟宮是『空宮』為『同梁』相照。辰年時兄弟宮為『天府』。申年時兄弟宮為『天相』。酉年兄弟宮為『同梁』。這些都是可以增進兄弟運的年份。

寅年的兄弟運為『紫破』時，會為兄弟姊妹花一點錢，不要太計較也可相處愉快。

2.紫微在丑

廉貞(陷) 貪狼(陷) 巳	巨門(旺) 午	天相(得) 未	天同(旺) 天梁(陷) 吉 申
太陰(陷) 吉 辰			武曲(平) 七殺(旺) 吉 酉
天府(得) 吉 卯			太陽(陷) 戌
吉 寅	紫微(廟) 破軍(旺) 吉 丑	天機(廟) 子	亥

『紫微在寅』命盤格式

3.紫微在寅

巨門(旺) 巳	廉貞(平) 天相(廟) 午	天梁(旺) 吉 未	七殺(廟) 吉 申
貪狼(廟) 辰			天同(平) 酉
太陰(陷) 吉 卯			武曲(廟) 吉 戌
紫微(旺) 天府(廟) 寅	天機(陷) 丑	破軍(廟) 子	太陽(陷) 吉 亥

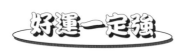

卯年時兄弟宮是『紫府』。未年時兄弟宮是『廉相』。申年時兄弟宮是『天梁』。戌年時兄弟宮是『天同』。亥年時兄弟宮是『武曲』，兄弟多金會給你金錢上的資助，只是個性太剛直，你必須能忍受。這些流年年份都是可增進『兄弟運』的年份。

『紫微在卯』命盤格式

寅年時兄弟宮是『天府』。卯年兄弟宮是『機陰』，和姊妹較親，有一半的『兄弟運』。**午年時兄弟宮是『天相』。未年時兄弟宮是『天梁』**，有貴人運。**亥年兄弟宮是『天同』**。這些都是可增進『兄弟運』的年份。

4.紫微在卯

天相(得) 巳	天梁(廟) 吉 午	廉貞(平) 七殺(廟) 吉 未	申
巨門(陷) 辰			酉
紫微(旺) 貪狼(平) 吉 卯			天同(平) 戌
天機(得) 太陰(旺) 吉 寅	天府(廟) 丑	太陽(陷) 子	武曲(平) 破軍(平) 吉 亥

『紫微在辰』命盤格式

子年的兄弟宮是『天同』。丑年的兄弟宮是『武府』。寅年的兄弟宮是『日月』，但此只有一半的兄弟運，和姊妹較親密。巳年的兄弟宮是『**紫相**』。這些都是可增進『兄弟運』的年份。**午年時兄弟宮是『天梁陷落』**，此時兄弟間的感情溫和，但無幫助之力，增進情誼，也是可用之年。

5.紫微在辰

天梁(陷) 吉 巳	七殺(旺) 午	未	廉貞(廟) 申
紫微(得) 天相(得) 辰			酉
天機(旺) 巨門(廟) 卯			破軍(旺) 戌
貪狼(平) 吉 寅	太陽(陷) 太陰(廟) 吉 丑	武曲(旺) 天府(廟) 吉 子	天同(廟) 亥

『紫微在巳』命盤格式

6.紫微在巳

紫微(旺) 七殺(平) 吉 巳	午	未	申
天機(平) 天梁(廟) 吉 辰			廉貞(平) 破軍(陷) 酉
天相(陷) 吉 卯			戌
太陽(旺) 巨門(廟) 寅	武曲(廟) 貪狼(廟) 吉 丑	天同(旺) 太陰(廟) 吉 子	天府(得) 亥

子年時兄弟宮是『天府』。丑年的兄弟宮是『同陰』。卯年的兄弟宮是『陽巨』，兄弟之間會吵吵鬧鬧並無大礙。辰年的兄弟宮是『天

相』。巳年兄弟宮是『機梁』，有聰明的兄弟姊妹給你出主意，志同道合。這些都是可增進『兄弟運』的年份。

『紫微在午』命盤格式

子年時兄弟宮有『太陰居廟』。卯年兄弟宮有『武相』。辰年兄弟宮有『陽梁』。未年兄弟宮有『紫微』。戌年兄弟宮為『空宮』有『陽梁』相照。亥年時兄弟宮有『廉府』。這些都是可增進『兄弟運』的年份。

7.紫微在午

天機(平) 巳	紫微(廟) 午	吉 未	破軍(得) 申
七殺(廟) 吉 辰			酉
太陽(廟) 天梁(廟) 吉 卯			廉貞(平) 天府(廟) 吉 戌
武曲(得) 天相(廟) 寅	天同(陷) 巨門(陷) 丑	貪狼(旺) 吉 子	太陰(廟) 吉 亥

『紫微在未』命盤格式

寅年時兄弟宮有『天相星』。卯年時兄弟宮為『同梁』。巳年兄弟宮為『太陽居旺』。未年兄弟宮為『天機居旺』。申年時兄弟宮為『紫

破』，此年會為兄弟破財多一點，小心謹慎仍可用。**酉年時兄弟宮為『空宮』有『同梁』相照。戌年兄弟宮為『天府』。亥年時兄弟宮為『太陰居旺』**，與姊妹特別親。這些都是可增進『兄弟運』的年份。

8.紫微在未

吉 巳	天機(廟) 午	紫微(廟) 破軍(旺) 吉 未	吉 申
太陽(旺) 辰			天府(旺) 吉 酉
武曲(平) 七殺(旺) 吉 卯			太陰(旺) 吉 戌
天同(平) 天梁(廟) 吉 寅	天相(廟) 丑	巨門(旺) 子	廉貞(陷) 貪狼(陷) 吉 亥

『紫微在申』命盤格式

9.紫微在申

太陽(旺) 吉 巳	破軍(廟) 吉 午	天機(陷) 未	紫微(旺) 天府(得) 申
武曲(廟) 吉 辰			太陰(旺) 吉 酉
天同(平) 卯			貪狼(廟) 吉 戌
七殺(廟) 吉 寅	天梁(旺) 吉 丑	廉貞(平) 天相(廟) 子	巨門(旺) 亥

丑年有『廉相』在兄弟宮。寅年兄弟宮是『天梁』，貴人運，可受到照顧。**辰年兄弟宮是『天同』。巳年兄弟宮是『武曲』**，兄弟性剛但有

錢，會對你金錢資助。午年兄弟宮是『太陽』。酉年時，兄弟宮是『紫府』。戌年時兄弟宮是『太陰居旺』，與姊妹較親，姊妹會幫助你。這些流年都是可增進『兄弟運』的年份。

『紫微在酉』命盤格式

子年時兄弟宮有『天相』。丑年的兄弟宮有『天梁』。巳年的兄弟宮有『天同』。未年的兄弟宮有『太陽居旺』。申年的兄弟宮有『天府』。這些都是增進『兄弟運』的年份。

10.紫微在酉

武曲(平) 破軍(平) 吉 巳	太陽(旺) 午	天府(廟) 吉 未	天機(得) 太陰(平) 吉 申
天同(平) 辰			紫微(旺) 貪狼(平) 酉
卯			巨門(陷) 戌
寅	廉貞(平) 七殺(廟) 吉 丑	天梁(廟) 吉 子	天相(得) 亥

『紫微在戌』命盤格式

午年時兄弟宮是『天同』。未年時兄弟宮是『武府』。申年時兄弟宮是『日月』，此時兄弟較親，與姊妹不合，兄弟有助益，故是半吉。

亥年時兄弟宮為『紫相』。這些都是可增進『兄弟運』的年份。

子年兄弟宮是『天梁陷落』，兄弟溫和好相處，但沒有能力幫助你，若想增進彼此情誼，仍可用。

11.紫微在戌

天同(廟) 巳	武曲(旺) 天府(旺) 吉 午	太陽(得) 太陰(陷) 吉 未	貪狼(平) 半吉 申
破軍(旺) 辰			天機(旺) 巨門(廟) 酉
卯			紫微(得) 天相(得) 戌
廉貞(廟) 寅	丑	七殺(旺) 子	天梁(陷) 吉 亥

『紫微在亥』命盤格式

12.紫微在亥

天府(得) 巳	天同(陷) 太陰(平) 吉 午	武曲(廟) 貪狼(廟) 半吉 未	太陽(得) 巨門(廟) 申
辰			天相(陷) 酉
廉貞(平) 破軍(陷) 卯			天機(平) 天梁(廟) 吉 戌
寅	丑	子	紫微(旺) 七殺(平) 吉 亥

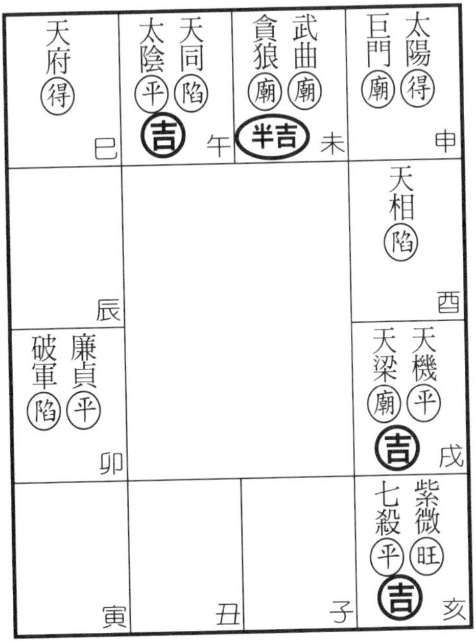

午年時兄弟宮為『天府』。未年的兄弟宮為『同陰』在午宮，此運『兄弟運』為半吉，與兄弟關係可用，與姊妹不合，無用。**戌年時兄弟**

宮為『**天相**』。**亥年時兄弟宮為『機梁』**，有聰明的兄弟可為你想智謀出主意。這些都是增進『兄弟運』的好時機。

算命智慧王

法雲居士⊙著

《算命智慧王》一書的內容主要是將算命此行業的業務內容做一規範作用，好讓消費者與卜命業者共同有一可遵循的模式，由此便能減少紛爭。

世界上愛算命的人口多，但只喜歡聽對自己有利之事，也只喜歡聽論命者說自己是富貴命，常有命相師會投其所好而斷之，等到事情沒有應驗而又怨之。

此書讓大家了解算命該怎麼算？去問問題該問些什麼？究竟命理師該告訴你些什麼呢？如果算命結果不如你願時還要不要再繼續找人算呢？

有關算命的問題都在這本書中會找到答案。

暴發智慧王

法雲居士⊙著

大家都希望自己很聰明，大家也都希望自己有暴發運。實際上，有暴發運的人在暴發錢財的時間點上，也真正擁有了超高的智慧，是常人所不及的。

這本『暴發智慧王』，就是在分析暴發運創造了那些成功人士？暴發運如何創造財富？如何在關鍵點扭轉乾坤？

人可能光有暴發運而沒有智慧嗎？

如何才能做一個真正的『暴發智慧王』？

法雲老師用簡單明確、真實的案例詳細解釋給你聽！

紫微斗數精華篇

法雲居士⊙著

學了紫微斗數卻依然看不懂格局，不瞭解星曜代表的意義，不知道命程形局的走向，人生的高峰時期在何時？何時是發財增旺運的好時機？考試、升職的機運在何時？何時才會交到知心的好朋友？
一生到底能享多少福？成就有多高？不管問題是你自己的，還是朋友的，
你都在這本書中找得到答案！

法雲居士將紫微斗數的精華從實用的角度，來解答你的迷惑，及解釋專有名詞，讓你紫微斗數的功力大增，並對每個命局瞭若指掌，如數家珍！

賺錢工作大搜查

法雲居士⊙著

在命理學中，人天生是來『賺錢』的！人也天生是來工作的！
但真正賺錢的工作是由『命』來決定的！
『命』是由時間關鍵點所形成的氛圍，及人延伸出的智慧。

因此每個人都有屬於自己專屬的
賺錢之路和工作。

法雲居士用紫微命理幫你找出發財之路，
並且告訴你何時是事業上的高峰，
何時能直上青雲，擁有非凡成就。

對你有影響的

殺、破、狼

上、下冊

法雲居士⊙著

每一個人的命盤中都有七殺、破軍、貪狼三顆星，在每一個人的命盤格中也都有『殺、破、狼』格局，『殺、破、狼』是人生打拼奮鬥的力量，同時也是人生運氣循環起伏的一種規律性的波動。在你命格中『殺、破、狼』格局的好壞，會決定你人生的成就，也會決定你人生的順利度。『殺、破、狼』格局既是人生活動的軌跡，也是命運上下起伏的規律性波動。但在人生的感情世界中更是一種親疏憂喜的現象。它的變化是既能創造屬於你的新世界，也能毀滅屬於你的美好世界，對人影響至深至遠。

因此在人生中要如何把握『殺、破、狼』的特性，就是我們這一生最重要的功課了。

對你有影響的

紫、廉、武

法雲居士⊙著

在每個人的命盤中，都有紫微、廉貞、武曲三顆星，同時這三顆星也具有堅強的鐵三角關係，會在三合宮位中三合鼎立著，相互拉扯，關係緊密、共同組織、架構了你的命運。這也同時，紫微、廉貞兩顆官星和武曲一顆財星，也共同主宰了你的命運！當命盤中的紫、廉、武有兩顆以上居旺時，你的人生就會富足的多，也事業順利、有成就。要看命好不好？就先從你命盤中的這三顆星來分析吧！

星曜特質系列書包括：『殺、破、狼』上下冊、『羊陀火鈴』、『十干化忌』、『權、祿、科』、『天空、地劫』、『昌曲左右』、『紫、廉、武』、『府相同梁』上下冊、『日月機巨』、『身宮和命主、身主』。此套書是法雲居士對學習紫微斗數者常忽略或弄不清星曜特質，常對自己的命格有過高的期望或過於看輕的解釋，這兩種現象都是不好的算命方式。因此以這套書來提供大家參考與印證。

吉人天相保平安

法雲居士⊙著

天災人禍常常是人類防不慎防的恐懼事件。日本 311、美國 911、台灣 921、南亞海嘯，無論是海嘯、原發幅射、恐怖攻擊、大地震，亦或是精神疾病、傷災、車禍對人的攻擊、侵襲，在在都會戕害人類的生命，傷害人類的肉體、心靈。

在這個混沌的世界裡，要如何做一個『吉人』？吉人自有天相，來保護自己的平安，預先掌握天機。

法雲老師教你趨吉避凶的方法，
教你找到自己的好時間。
來做一個真正的『吉人』自保平安。

致富達人招財術

法雲居士⊙著

『致富』是人生的功課，必須做到最優等。『招財』是人生的目的，也必須全方位面面俱到。但『致富』和『招財』，始終是多數人心中的疑惑與茫然。如何讓『致富過程』與『招財術』成為你一生的快樂法寶，讓你一生不匱乏，富貴永昌的過日子？如何讓『致富術』與『招財術』成為你人生增高的企機？

法雲居士在這本『致富達人招財術』中會清楚明確的提供了發財的方法，和真正『招財術』的技巧。讓你完成『致富達人』速成的絕招！

八字王

法雲居士⊙著

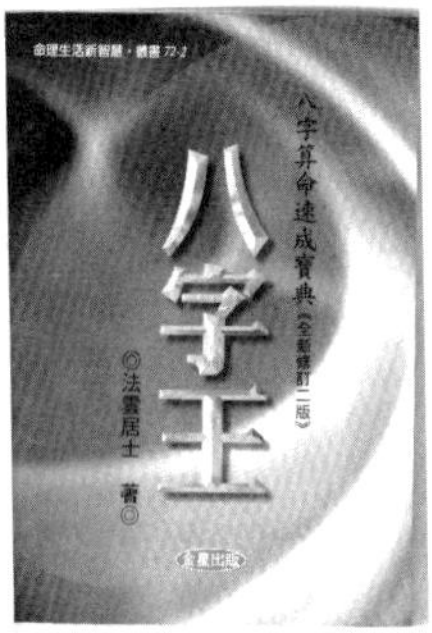

人的八字很奇妙！『年、月、日、時』明明是一個時間標的，但卻暗自包含了人生的富貴貧賤在其中。

八字學是一種環境科學，懂了八字學，你便能把自己放在最佳的環境位置之上而富貴享福。

八字學也是一種氣象學，學會了八字，你不但上知天文、下知地理，不但能知天象，還能得知運氣的氣象，而比別人更快速的掌握好運。每一個人的出生之八字，都代表一個特殊的意義，好像訴說一個特別的故事，你的八字代表什麼特殊意義呢？

在這本『八字王』的書之中，你會有意想不到的、又有趣的答案！

紫微手相學

法雲居士⊙著

這本書是結合紫微斗數的精華和手相學的精華，而相互輝映的一本書。

手相學和人的面相有關。紫微斗數中每種命格也都有其相同特徵的面相。因此某些特別命格的人，就會具有類似的手相了。當紫微命格中的那一宮不好，或特吉，你的手相上也會特別顯示出來這些特徵。

法雲居士依據對紫微斗數的深刻研究，將人手相上的特徵和命格上的變化，一一歸納、統計而寫成此書，提供大家參考與印證！

如何推算大運流年・流月

上、下冊

法雲居士⊙著

全世界的人在年暮歲末的時候，都有一個願望。都希望有一個水晶球，好看到未來一年中跟自己有關的運氣。是好運？還是壞運？

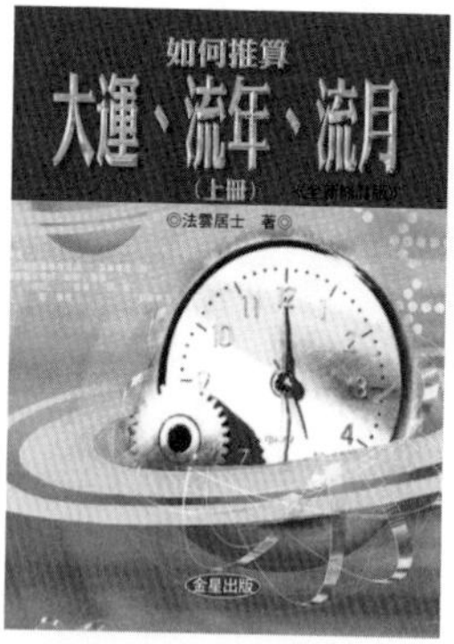

這本『如何推算大運、流年、流月』下冊書中，法雲居士利用紫微科學命理教您自己來推算大運、流年、流月，並且將精準度推向流時、流分，讓您把握每一個時間點的小細節，來掌握成功的命運。

古時候的人把每一個時辰分為上四刻與下四刻，現今科學進步，時間更形精密，法雲居士教您用新的科學命理方法，把握每一分每一秒。在每一個時間關鍵點上，您都會看到您自己的運氣在展現成功脈動的生命。

法雲居士利用紫微科學命理教你自己學會推算大運、流年、流月，並且包括流日、流時等每一個時間點的細節，讓你擁有自己的水晶球，來洞悉、觀看自己的未來。從精準的預測，繼而掌握每一個時間關鍵點。